아벨이 들려주는 인수분해 2 이야기

정규성 지음

NEW
수학자가 들려주는
수학 이야기
34

아벨이 들려주는
인수분해 2 이야기

㈜ 자음과모음

추천사

수학자라는 거인의 어깨 위에서 보다 멀리, 보다 넓게 바라보는 수학의 세계!

　수학 교과서는 대개 '결과'로서의 수학을 연역적으로 제시하는 경향이 강하기 때문에 학생들은 수학이 끊임없이 진화해 왔다고 생각하기 어렵습니다. 그렇지만 수학의 역사는 하나의 문제가 등장하고 그에 대해 많은 수학자가 고심하고 이를 해결하는 가운데 새로운 아이디어가 출현해 온 역동적인 과정입니다.

　〈NEW 수학자가 들려주는 수학 이야기〉는 수학 주제들의 발생 과정을 수학자들의 목소리를 통해 친근하게 이야기 형식으로 들려주기 때문에 학생들이 수학을 '과거 완료형'이 아닌 '현재 진행형'으로 인식하는 데 도움이 될 것입니다.

　학생들이 수학을 어려워하는 요인 중의 하나는 '추상성'이 강한 수학적 사고의 특성과 '구체성'을 선호하는 학생의 사고 사이에 존재하는 간극이며, 이런 간극을 줄이기 위해서 수학의 추상성을 희석시키고 수학 개념과 원리의 설명에 구체성을 부여하는 것이 필요합니다.

　〈NEW 수학자가 들려주는 수학 이야기〉는 수학 교과서의 내용을 생동감 있게 재구성함으로써 추상적인 수학을 구체성을 갖는 수학으로 변모시키고 있습니다. 또한 중간중간에 곁들여진 수학자들의 에피소드는 자칫 무료해지기 쉬운 수학 공부에 윤활유 역할을 해 줄 것입니다.

〈NEW 수학자가 들려주는 수학 이야기〉의 구성을 보면 우선 수학자의 업적을 개략적으로 소개하고, 6~9개의 강의를 통해 수학 내적 세계와 외적 세계, 교실 안과 밖을 넘나들며 수학 개념과 원리를 소개한 후 마지막으로 강의에서 다룬 내용을 정리합니다.

이런 책의 흐름을 따라 읽다 보면 각각의 도서가 다루고 있는 주제에 대한 전체적이고 통합적인 이해가 가능하도록 구성되어 있습니다. 〈NEW 수학자가 들려주는 수학 이야기〉는 학교 수학 교과 과정과 긴밀하게 맞물려 있으며, 전체 시리즈를 통해 학교 수학의 많은 내용들을 다룹니다. 따라서 〈NEW 수학자가 들려주는 수학 이야기〉를 학교 수학 공부와 병행하면서 읽는다면 교과서 내용의 소화 흡수를 도울 수 있는 효소 역할을 할 것입니다.

뉴턴이 'On the shoulders of giants'라는 표현을 썼던 것처럼, 수학자라는 거인의 어깨 위에서는 보다 멀리, 넓게 바라볼 수 있습니다. 학생들이 〈NEW 수학자가 들려주는 수학 이야기〉를 읽으면서 각 수학자의 어깨 위에서 보다 수월하게 수학의 세계를 내다보는 기회를 갖기를 바랍니다.

홍익대학교 수학교육과 교수 | 《수학 콘서트》 저자 박경미

> 책머리에

세상의 진리를 수학으로 꿰뚫어 보는 맛
그 맛을 경험시켜 주는 '인수분해 2' 이야기

'자연이라는 거대한 책은 거기에 적힌 언어를 알고 있는 사람만이 읽을 수 있다. 그 언어는 바로 수학이다.'

수학에 대하여 갈릴레오 갈릴레이는 위와 같이 말하고 있습니다. 그가 말하는 수학은 단지 숫자의 나열이 아니라 그 안에 새로운 언어를 담고 있는 하나의 학문을 말합니다. 예를 들어, 방정식 $17x^2-16|x|y+17y^2=225$를 살펴보도록 합시다. 여러분은 아마 이 방정식을 보자마자 머릿속으로 방정식의 근을 구하는 공식을 떠올렸을지도 모릅니다. 하지만 이 방정식은 머리가 아닌 가슴으로 풀어야 한다는 것을 알게 된다면 여러분은 아마 놀랄 것입니다. 평면 위에 이 방정식의 해를 그래프로 나타내 보면, 놀랍게도 하트 모양이 됩니다. 그래서 사람들은 이것을 흔히 '사랑의 방정식'이라고 부른답니다. 이와 같은 '사랑의 방정식'은 이 방정식 외에도 여러 가지가 있습니다. 한때 TV 드라마에서 사랑하는 여자에게 방정식으로 사랑을 고백하여 유행했던 방정식입니다. 여기서도 볼 수 있듯이 수학이란 우리가 손으로 계산하는 것 외에도 그 안에 다른 많은 정보를 담고 있답니다.

오늘날의 수학은 자연 과학, 공학, 의학, 사회 과학, 인문 과학 등 거의 모든 분야에서 유용하게 쓰이고 있습니다. 복잡한 여러 기계 부속품으로 컴퓨터를 만들고 자동차를 만드는 일부터 날씨와 주가를 예측하는 일에 이르기까지 우리 사회에 수학이 없는 곳이 없다고 해도 과언이 아닙니다. 우리가 가지고 있는 핸드폰을 만드는 과정에서도 앞으로 배우게 될 인수분해를 응용하고 있습니다. 이처럼 수학과 우리 생활은 곳곳에서 연계되어 있으며 수학 속에 생활이 있고, 우리 생활 속에 수학이 녹아 있다는 것을 이 책을 통해 배우게 되었으면 하는 바람입니다.

홀름보에 B.M.Holmboe 선생님을 만나 훌륭한 수학자가 될 수 있었던 아벨처럼, 저에게 수학에 대한 많은 관심을 갖게 해 준 허남헌 선생님께 이 자리를 빌려 진심으로 감사드립니다. 그리고 원고를 꼼꼼히 챙겨 주신 출판사 자음과모음 편집자들에게 진심으로 감사드립니다. 무엇보다 20년간 제 곁을 지켜 준 사랑하는 아내와 같이 보내는 시간이 적어 늘 미안하게 생각하고 있는 재진이, 재호에게 그들이 있어 제 생활이 행복할 수 있다는 말을 전합니다.

정 규 성

차례

추천사	4
책머리에	6
100% 활용하기	10
아벨의 개념 체크	16

1교시
다항식이란?   23

2교시
다항식의 나눗셈과 항등식   37

3교시
나머지정리   57

4교시
인수정리   75

5교시
조립제법   93

6교시
인수정리를 이용한 인수분해   109

7교시
다항식의 약수와 배수   127

8교시
유리식과 부분분수식   145

1 이 책은 달라요

《아벨이 들려주는 인수분해 2 이야기》는 다항식의 사칙 연산 중 하나인 나눗셈을 알고리즘으로 표현할 수 있음을 배우고, 나눗셈과 항등식을 정수를 이용하여 제시합니다. 정수를 이용한 나눗셈을 다항식에서의 나머지정리로 이해할 수 있도록 하고 나머지가 0인 경우를 인수정리라고 한다는 것을 알게 됩니다. 인수정리를 이용한 인수분해는 조립제법이라는 것을 사용하여 인수분해할 수 있다는 것을 배우게 됩니다. 또한 정수의 약수와 배수처럼 다항식에서도 다항식의 약수와 배수로 이해합니다. 이와 같은 내용을 유리식과 부분분수식에 적용하여 인수분해를 다양하게 할 수 있음을 알게 됩니다.

2 이런 점이 좋아요

① 다항식을 인수분해할 때에는 인수정리와 조립제법을 사용하게 되는데 고차식을 인수분해할 때에는 조립제법을 이용하면 쉽게 할 수 있다는 것을 알게 됩니다.

❷ 고등학생에게는 수업 시간에 배우는 다항식과 인수분해와 관련된 모든 정의 및 정리가 자세하게 설명되어 있습니다. 특히 고차식으로 된 다항식의 인수분해는 조립제법을 사용하여 인수분해할 수 있음을 알게 됩니다. 또한 교과서에서 다루어지지 않은 수학자들의 에피소드도 담겨 있습니다.

3 교과 연계표

학년	단원(영역)	관련된 수업 주제 (관련된 교과 내용 또는 소단원명)
초 5	수와 연산	약수와 배수
	도형과 측정	다각형의 둘레와 넓이
중 1	수와 연산	소인수분해
중 3	변화와 관계	다항식의 곱셈과 인수분해
고 1	다항식	다항식의 연산, 나머지정리, 인수분해

4 수업 소개

1교시 다항식이란?

단항식과 다항식이 무엇인지 이해하고 자연수의 나눗셈을 이용하여 다항식에서도 같은 방법으로 나눗셈에 적용하여 봅니다. 또한 다항식의 나눗셈을 알고리즘으로 표현해 보고 자연수의 나눗셈과 서로 비교해 봅니다.

- 선행 학습 : 단항식, 다항식, 내림차순, 다항식의 나눗셈, 알고리즘
- 학습 방법 : 단항식과 다항식의 정의를 이해하고 자연수의 나눗셈을 문자로 표현해 봅니다. 그리고 다항식의 나눗셈을 자연수와 마찬가지로 알고리즘으로 표현하여 서로 비교하여 생각해 봅니다.

2교시 다항식의 나눗셈과 항등식

다항식의 나눗셈을 이용하여 항등식을 이해하고, 다항식으로 된 항등식에서 수치대입법과 계수비교법을 통해 미정계수법에 관하여 자세히 알아봅니다.

- 선행 학습 : 곱셈공식, 항등식, 미정계수법, 수치대입법, 계수비교법
- 학습 방법 : 다항식의 나눗셈에 대하여 이해하고 이를 이용하여 항등식에서의 미지수를 수치대입법이나 미정계수법을 이용하여 구할 수 있도록 합니다.

3교시 나머지정리

다항식을 일차식으로 나누었을 때, 몫과 나머지로 표현하여 나머지를 쉽게 구할 수 있는 방법나머지정리에 대해 공부합니다.

- **선행 학습** : 나머지정리, 나머지정리와 항등식
- **학습 방법** : 'x에 대한 다항식 $f(x)$를 일차식 $(x-a)$로 나누었을 때의 나머지를 R이라고 하면 $R=f(a)$'를 이용하여 나머지를 쉽게 구할 수 있습니다나머지정리. 또한 나누는 다항식의 차수와 나머지 차수와의 관계에 대하여 알 수 있습니다. 예를 들어, x에 대한 다항식 $f(x)$를 이차식으로 나누면 나머지는 일차식 이하가 됩니다.

4교시 인수정리

나머지정리에서 나머지가 0인 경우를 알아보도록 합니다. 특히, 나머지정리에서 나머지가 0인 경우는 특수한 경우임을 알도록 합니다.

- **선행 학습** : 나머지정리에서 나머지가 0인 경우로 'x에 대한 다항식 $f(x)$를 일차식 $x-a$로 나누었을 때의 나머지를 0이라고 하면 $f(a)=0$'입니다.
- **학습 방법** : 나머지정리에서 다항식을 일차식으로 나누었을 때, 나머지가 0인 경우에 대하여 탐구해 봅니다. 특히, 나머지가 0인 경우는 나머지정리의 특수한 경우임을 이해하도록 합니다.

5교시 조립제법

다항식을 일차식으로 나눌 때, 다항식의 계수만을 사용하여 몫과 나머지를 구하는 방법을 배웁니다.

- 선행 학습 : 내림차순, 조립제법, 항등식, 나머지정리, 인수정리, 미정계수법
- 학습 방법 : 간단한 예를 통해 조립제법을 단계별로 익히고, 다항식의 나눗셈과 인수분해나 식의 값을 구할 때 사용할 수 있게 합니다.

6교시 인수정리를 이용한 인수분해

삼차방정식이나 사차방정식으로 된 다항식의 인수분해는 인수정리와 조립제법을 이용하여 인수분해합니다.

- 선행 학습 : 인수정리, 인수분해공식, 조립제법, 삼차식의 인수분해, 사차식의 인수분해

$$a^3 \pm 3a^2b + 3ab^2 \pm b^3 = (a \pm b)^3$$

$$a^3 \pm b^3 = (a \pm b)(a^2 \mp ab + b^2)$$

$$a^2 + b^2 + c^2 + 2ab + 2bc + 2ca = (a+b+c)^2$$

  인수를 찾는 방법은 $f(\alpha)=0$을 만족하는 α로서 $\pm \dfrac{\text{상수항의 약수}}{\text{최고차항의 계수의 약수}}$ 중 하나가 될 수 있습니다.

- 학습 방법 : 복잡한 삼차식이거나 사차식을 인수분해할 때 인수정리와 조립제법을 사용합니다. 인수를 찾는 방법은 $f(\alpha)=0$을 만족하

는 a로 $\pm\dfrac{\text{상수항의 약수}}{\text{최고차항의 계수의 약수}}$ 중 하나이며, 최고차항의 계수가 1인 경우에는 $f(a)=0$을 만족하는 a는 상수항의 약수 중 하나임을 알고 인수분해하도록 합니다.

7교시 다항식의 약수와 배수

다항식의 약수와 배수를 자연수의 약수와 배수 관계와 비교하여 알 수 있도록 하고, 최대공약수와 최소공배수의 관계도 같은 방법으로 익히도록 합니다.

- 선행 학습 : 약수와 배수의 관계, 최대공약수와 최소공배수, 유클리드 호제법, 하세 도형
- 학습 방법 : 약수와 배수의 관계 및 최대공약수와 최소공배수의 성질을 이해하고 문제를 해결해 봅니다.

8교시 유리식과 부분분수식

분수식의 성질 및 분수식의 사칙 연산에 인수분해를 이용하고 분수식을 부분분수식으로 변형하는 방법을 익혀 다양한 문제를 해결할 수 있습니다.

- 선행 학습 : 분수식의 성질, 분수식의 사칙 연산, 부분분수식
- 학습 방법 : 인수분해를 분수식과 부분분수식에도 적용하여 주어진 문제를 해결합니다.

아벨을 소개합니다

Neils Henrik Abel(1802~1829)

"주여! 이 젊은 수학자의 영혼을 거두지 마옵소서. 그는 아직 해야 할 연구를 끝내지 못했습니다."

1829년 4월 5일, 젊은 수학자 아벨의 약혼자는 안타까운 기도를 올리고 있었습니다.

수학사에 길이 남을 업적을 남긴 수학자 아벨이 죽고 나서 멀리서 한 소식이 도착했습니다. 베를린 대학에서 교수로 와 달라는 초청장이었습니다. 이듬해에는 프랑스 학사원에서 학사원상을 수여한다는 통보가 왔습니다.

노르웨이 출신의 아벨은 '오차방정식을 푸는 근의 공식은 없다.'는 것을 증명하였으며 이는 곧 특별한 방정식이 아닌 일반적인 오차방정식을 푸는 근의 공식은 없다는 것을 말하는 것이었습니다. 모든 사람이 공식을 찾는 데 매달려 있을 때, 그 공식이 없을 수도 있다고 생각을 바꾼 아벨은 자신의 업적을 세상에 알리지도 못하고 27년이라는 짧은 생을 마감하였습니다.

여러분, 나는 아벨입니다

여러분, 안녕하세요? 《아벨이 들려주는 인수분해 1 이야기》에 이어 《아벨이 들려주는 인수분해 2 이야기》에서 또 만나게 되어 반갑습니다. 내 이름은 아벨이라고 하는데 '아벨의 적분積分', '아벨의 정리', '아벨방정식', '아벨군群'과 같이 현재에도 사용되고 있는 여러 수학 용어 속에 포함되어 있답니다.

내가 세계적으로 유명한 수학자가 된 계기가 있습니다. 나는 중학교에 진학하여 수학을 전공한 홀름보에B.M.Holmboe선생님으로부터 수학을 배우게 되었는데, 내가 선생님께 편지를 쓰고 맨 마지막에 날짜 대신 '$\sqrt[3]{6064321219}$년'이라고 기록했던 것이 계기가 되어 홀름보에 선생님으로부터 많은 관심을 받게 되었답니다. 내가 보낸 편지의 마지막에 기록했던 '$\sqrt[3]{6064321219}$년'의 의미는 1823년 8월 4일이라는 뜻입니다. 즉, $\sqrt[3]{6064321219}=1823.590827\cdots\cdots$이 되어 1823년을 뜻하고 소수점 이하의 숫자는 1년을 단위로 했을 때 소수이기 때문에 날짜로 변형하면 $365\times0.590827\cdots\cdots=215.65\cdots\cdots$일이 되어 약 216일째 되는 8월 4일을 뜻합니다. 이것을 계기로 나의 수학 사랑을 높이 인정해 준 홀름보에 선생님은 나에게 온갖 열정을 갖고 선생님께서 알고 있던 모든 수학적 지식을 가르쳐 주었습니다. 그리고 나 또한 선생님의 기대와 헌신적인 노력에 고등 수학에 많은 관심을 갖게 되었습니다. 그래서 오일러, 라그랑주, 라플라스, 가우스 등 위대한 수학자들의 저서를 읽었습니다. 만약 그때 홀름보에 선생님을 만나지 못했다면 훌륭한 수학자로 사는 대신 평범한 삶을 살았을 것입니다. 하지만 나는 수학자로서 끊임없는 노력과 연구를 통해 다른 수학자들이 발견하지 못한 '오차 이상의 방정식일 때에는 해의 공식이 존재하지 않는다.'는 것을 발견했답니다.

  여러분들도 훌륭한 선생님과 좋은 책을 계기로 나와 같은 훌륭한 수학자가 되었으면 합니다.

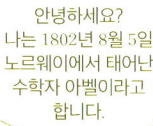

아벨의 개념 체크

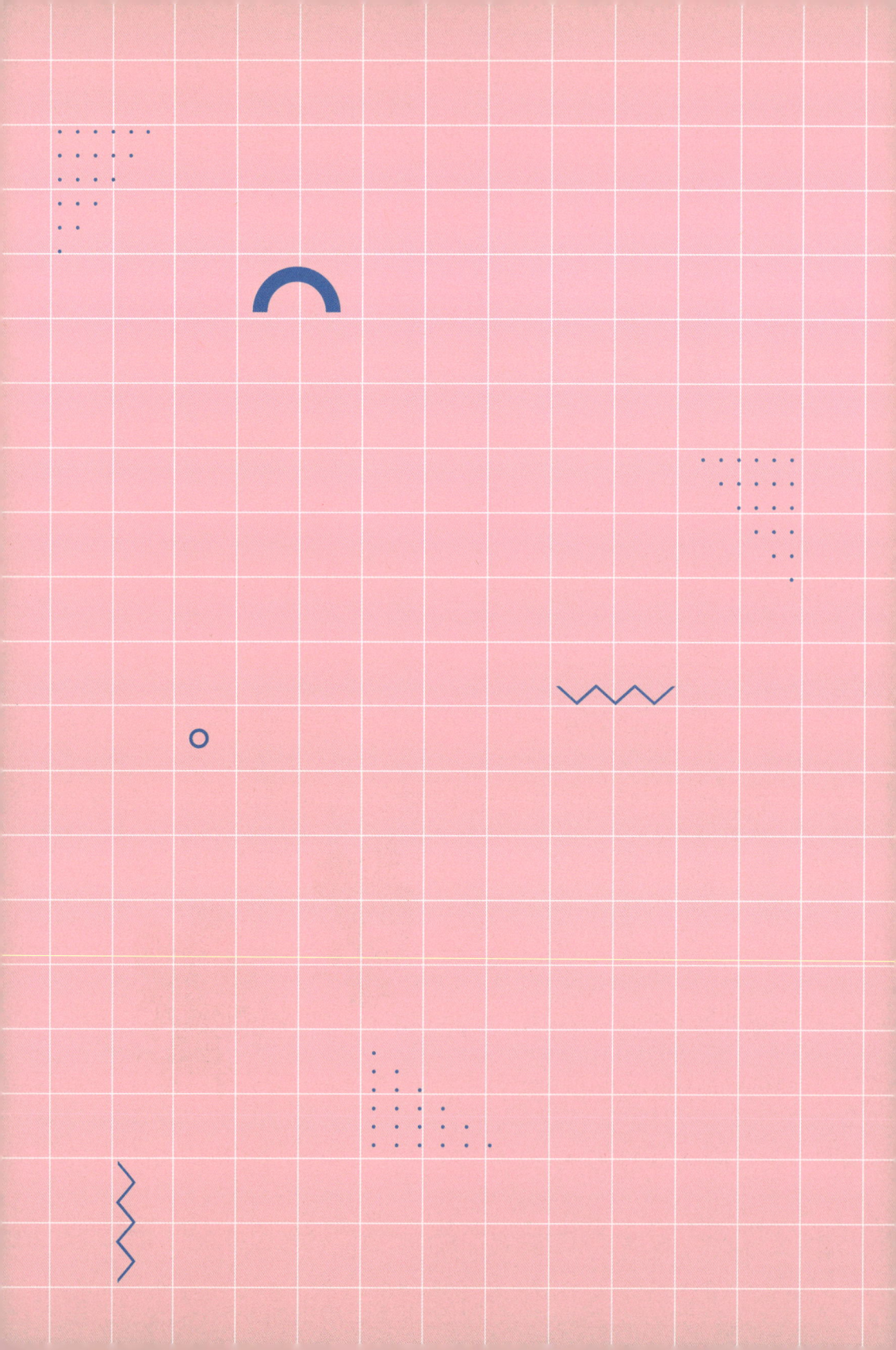

1교시

다항식이란?

다항식 계산을 통해 내림차순과 알고리즘의 의미에 대해서 학습합니다.

수업 목표

1. 정수의 나눗셈 계산 과정을 다항식의 나눗셈과 비교할 수 있습니다.
2. 다항식의 나눗셈을 할 수 있습니다.

미리 알면 좋아요

1. **다항식** 몇 개의 수나 문자의 곱으로 나타내어진 것을 단항식이라 하며, 단항식 또는 단항식의 합으로 나타내어진 식을 다항식이라고 합니다. 예를 들어 $5x$, $2x^2y$, -3과 같은 식을 단항식이라 하고 $x+1$, x^3-2x+1과 같은 식을 다항식이라고 합니다.

2. **내림차순** 다항식에서 어떤 변수에 대해 높은 차수부터 낮은 차수로 나열하는 것을 말합니다. 문자로 이루어진 다항식을 불규칙하게 나열하는 것보다 규칙적으로 나열하면 문자를 계산하기에 편리합니다. 다항식을 어떤 문자에 대하여 차수가 높은 항부터 낮은 항으로 나열하는 것을 그 문자에 대하여 내림차순으로 정리한다고 합니다. 예를 들어, 불규칙하게 나열된 다항식 $2x-x^2+x^3+1$을 내림차순으로 정리하면 x^3-x^2+2x+1이 됩니다.

3. **알고리즘** 여러 번의 단계를 거쳐 문제를 해결하기 위한 절차나 방법을 의미하며, 아랍 수학자 '무함마드 이븐무사 알 콰리즈미'의 이름에서 유래했습니다. 예를 들어, 전철역이 가까워 집에서 공연장까지 전철을 이용하여 공연장에 도착하는 과정을 단계별로 자세히 나타내면 다음과 같습니다.
1단계 집에서 전철역까지 간다.
2단계 전철역에서 요금을 내고 표를 구입한다.

3단계 전철을 기다린다.
4단계 전철이 오면 타고, 그렇지 않으면 계속 기다린다.
5단계 전철을 탄다.
6단계 전철을 타고 가면서 목적지인지 확인한다.
7단계 목적지이면 내리고, 아니면 계속 간다.
8단계 목적지에 내려서 공연장까지 간다.

아벨의 첫 번째 수업

오늘은 다항식의 나눗셈에 대하여 알아보겠습니다.

단항식이란?

단항식이란 $5x$, $2x^2y$, -3과 같이 몇 개의 수나 문자의 곱으로 나타내어진 식을 말하며, 단항식 또는 단항식의 합으로 나타내어진 식을 다항식이라고 합니다.

또한 단항식에서 특정한 문자에 대해 생각할 때, 곱해진 문자의 개수를 그 단항식의 차수라고 하며, 그 문자를 제외한 나머지 부분을 계수라고 합니다.

예를 들어 단항식 $3xy^2$은 다음과 같이 세 가지로 말할 수 있습니다.

- 문자 x에 대한 일차식이고, 계수는 $3y^2$이다.
- 문자 y에 대한 이차식이고, 계수는 $3x$이다.
- 문자 xy에 대한 삼차식이고, 계수는 3이다.

    다항식에서도 특정한 어느 문자에 대하여 생각할 때, 그 문자를 포함하지 않는 항을 상수항이라 하고, 다항식의 항 중에서 차수가 가장 높은 항의 차수를 그 다항식의 차수라고 합니다. 그리고 다항식을 한 문자에 대하여 차수가 높은 항부터 차례로 나타내는 것을 그 문자에 대하여 '내림차순으로 정리한다.'라고 하고, 차수가 낮은 항부터 차례대로 나타내는 것을 '오름차순으로 정리한다.'라고 합니다.

자연수의 나눗셈

    우리가 흔히 알고 있는 사칙 연산이란 수학의 연산 가운데 하나로 덧셈, 뺄셈, 곱셈, 나눗셈을 통틀어 말하는 것입니다. 정수나 분수 등을 계산할 때 사용되며, 여러 부호가 섞여 있을 경우에는 곱셈, 나눗셈을 먼저 계산해야 합니다.

예를 들어 다음과 같은 문제가 있다고 합시다.

쓱쓱 문제 풀기

재호가 2000원을 가지고 700원짜리 아이스크림을 사려고 하는데 최대 몇 개 살 수 있을까? 또 아이스크림을 최대로 산 후 거스름돈은 얼마를 받아야 할까?

자, 여러분은 쉽게 해결할 수 있겠죠? 덕호가 한번 대답해 볼까요?

"아이스크림은 최대 2개를 살 수 있고, 거스름돈은 600원을 받습니다."

맞아요. 2000원 중에서 700원짜리 아이스크림 2개의 값은 700×2=1400원이고 나머지는 600원입니다. 이것을 식으로 나타내면 어떻게 될까요? 윤주가 식으로 나타내 보세요.

"2000=700×2+600입니다."

그렇습니다. 우리가 물건을 살 때 많이 사용하는 방법이죠? 특히 최대로 몇 개 살 수 있는지를 위의 식을 통해서 더 자세히 알 수 있답니다. 이것을 초등학교 때 배웠던 나눗셈으로 나타내어 볼까요?

$$700 \overline{\smash{)}\begin{array}{r}2 \\ 2000 \\ \underline{1400} \\ 600\end{array}} \begin{array}{l}\cdots \text{몫} \\ \\ \\ \cdots \text{나머지}\end{array}$$

위의 나눗셈을 보면 2000원에 대하여 700원짜리 아이스크림을 최대 2개몫 살 수 있고, 남는 금액은 600원나머지임을 알 수 있습니다. 위에서 언급했듯이 $2000 = 700 \times 2 + 600$과 같은 식으로 나타낼 수 있습니다. 여기서 2는 몫이고 600은 나머지에 해당하겠죠?

이것을 일반화시켜 볼까요?

자연수 A를 자연수 B로 나누었을 때 몫은 Q이고 나머지는 R이다.

위의 내용을 식으로 표현하면 어떻게 될까요? 선숙이가 대답해 보세요.

"$A = BQ + R$입니다."

맞습니다. 여러분이 초등학생 때 배운 내용이랍니다. 그런데 위의 아이스크림 문제에서도 다뤘지만 나눗셈에서 나머지는 몫보다 항상 작은 값이 되어야 하겠지요? 자연수에서의 나눗셈에서는 위와 같은 식이 항상 성립합니다.

다항식의 나눗셈 알고리즘

이번에는 다항식끼리의 나눗셈에 대하여 해결해 볼까요?

예를 들어 다항식 x^2+2x-1을 x로 나눌 때 몫과 나머지에 대하여 자연수에서 사용했던 방법으로 구해 봅시다.

$$\begin{array}{r} x+2 \\ x{\overline{\smash{\big)}\,x^2+2x-1}} \\ \underline{x^2 } \\ 2x-1 \\ \underline{2x } \\ -1 \end{array}$$

(몫, 나머지)

자연수에서 사용했던 것처럼 식으로 나타내 보면 어떻게 되는지 재진이가 대답해 볼까요?

"다항식 x^2+2x-1을 x로 나누면 몫은 $x+2$가 되고 나머지는 -1이 됩니다. 즉, $x^2+2x-1=x(x+2)-1$입니다."

여기서 중요한 사실이 한 가지 있습니다. 다항식의 나눗셈에서는 반드시 두 다항식 주어진 다항식과 나누는 다항식을 내림차순으로 정리한 후에 자연수의 나눗셈처럼 계산해야 한다는 것입니다. 그러면 이번에는 좀 더 복잡한 다항식의 나눗셈에 도전해 볼까요?

다항식 $2x^2-3x+2$를 $x+2$로 나눌 때 몫과 나머지를 수학 박사인 재호가 한번 구해 보세요.

$$\begin{array}{r}
2x-7\cdots 몫\\
x+2\overline{\smash{\big)}\,2x^2-3x+2}\\
2x^2+4x\\
\hline
-7x+2\\
-7x-14\\
\hline
16\cdots 나머지
\end{array}$$

재호가 해결한 식

이번에는 차수를 좀 더 확장하여 나눗셈을 계산해 봅시다.

다항식 x^3+2x^2-3x+2를 다항식 x^2+x-2로 나누었을 때, 몫과 나머지를 선숙이가 구해 볼까요?

$$\begin{array}{r}
x+1\cdots 몫\\
x^2+x-2\overline{\smash{\big)}\,x^3+2x^2-3x+2}\\
x^3+x^2-2x\quad (x^2+x-2)\times x\\
\hline
x^2-x+2\\
x^2+x-2\quad (x^2+x-2)\times 1\\
\hline
-2x+4\cdots 나머지
\end{array}$$

선숙이가 해결한 식

네, 잘 해결했어요. 다항식을 다항식으로 나눌 때에는 두 다항식을 내림차순으로 정리한 다음 자연수의 나눗셈과 같은 방

아벨의 첫 번째 수업

법으로 계산하면 쉽게 구할 수 있습니다. 이와 같은 나눗셈 구하는 과정의 순서를 알고리즘이라고 합니다.

알고리즘

여러 번의 단계를 통해 문제를 해결하기 위한 절차나 방법이다. 주로 컴퓨터 용어로 쓰이며, 컴퓨터가 어떤 일을 수행하기 위한 단계적 방법을 말한다.

일반적으로 다항식의 나눗셈은 한 문자에 대한 다항식을 취급하지만 두 개 이상의 문자를 포함하는 다항식도 한 문자에 대한 내림차순으로 정리하고 계산할 수 있습니다.

수업정리

❶ 다항식의 나눗셈을 정수의 나눗셈과 비교해 봅니다.

❷ 다항식의 나눗셈은 한 문자에 대한 내림차순으로 정리한 후 계산합니다.

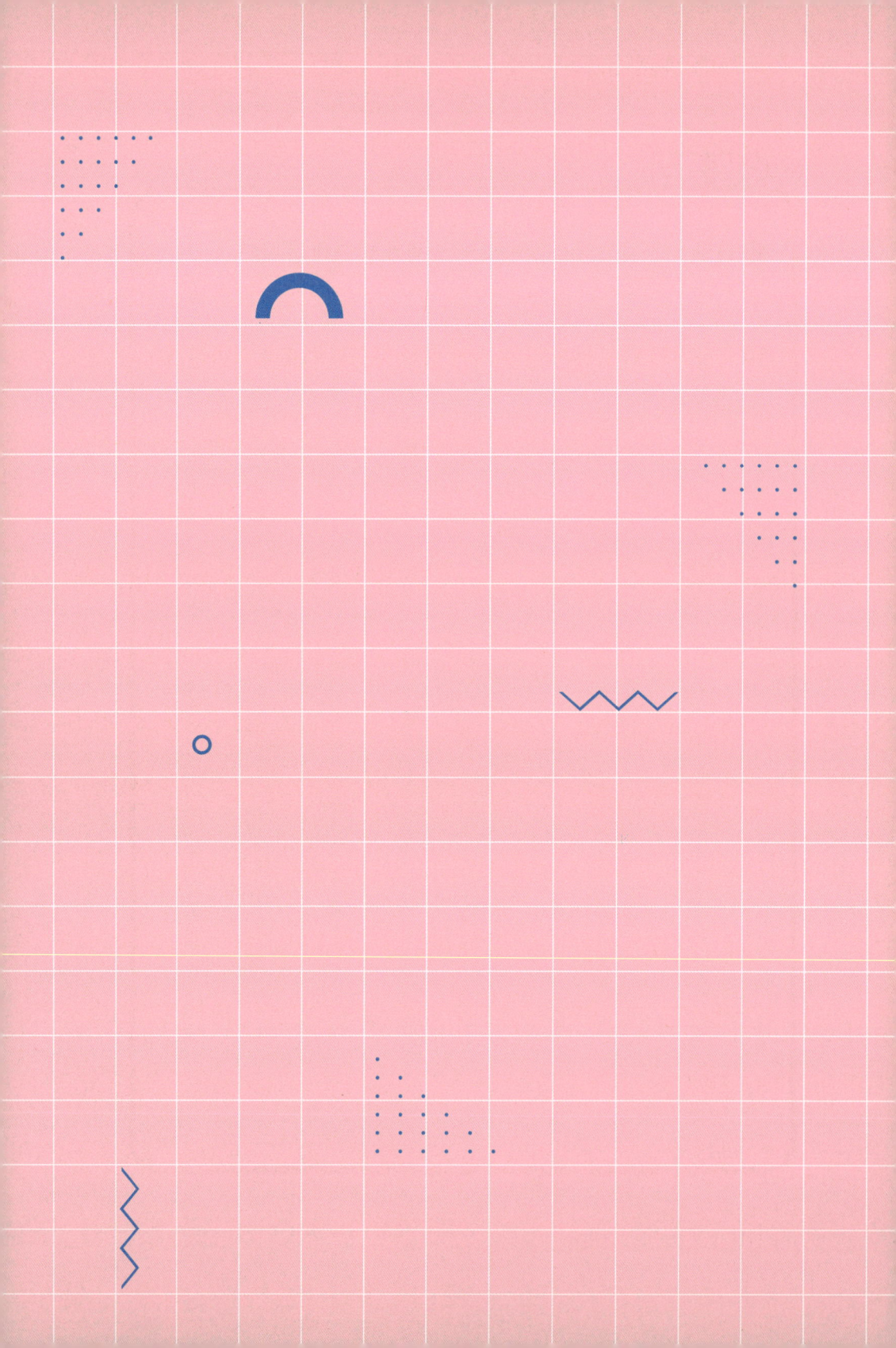

2교시

다항식의 나눗셈과 항등식

다항식의 나눗셈 계산을 배워 보며,
항등식의 성질에 대해서 학습합니다.

수업 목표

1. 다항식의 나눗셈을 식으로 나타낼 수 있습니다.
2. 항등식의 뜻과 성질을 이해하고 미정계수를 정할 수 있습니다.

미리 알면 좋아요

1. **항등식** 양변이 같은 식으로 이루어진 등식을 말합니다. 예를 들어, 아래와 같이 곱셈 공식이나 사칙 연산으로 정리한 다항식 등은 x에 어떤 값을 대입하여도 항상 같기 때문에 모두 항등식이라고 합니다.

   (1) $(x+1)^2 = x^2 + 2x + 1$
   (2) $(x+1)(x-1) = x^2 - 1$
   (3) $(x+2)^2 - 3x = x^2 + x + 4$
   (4) $(x+3)(2x-1) - (x+1)(x+2) = x^2 + 2x - 5$

2. **미정계수법** 항등식의 성질을 이용하여 미지의 계수를 결정하는 방법으로 계수비교법과 수치대입법이 있습니다.

3. **계수비교법** 'n차인 두 다항식이 항등식이 될 조건은, 같은 차수의 항의 계수가 각각 서로 같다는 것이다.'라는 항등식의 성질을 이용하여 미정계수를 정하는 방법을 말합니다. 예를 들어, $x^2 + 3x + 2 = (x-1)^2 + a(x-1) - b$가 x에 대한 항등식일 때, 상수 a, b를 구하려면 우선 등식에서 오른쪽의 다항식 $(x-1)^2 + a(x-1) - b$를 내림차순으로 정리하고 $(x-1)^2 + a(x-1) - b = x^2 + (a-2)x + 1 - a - b$가 됩니다. 이것에 항등식의 성질을 적용시키면 $3 = a-2$, $2 = 1-a-b$가 성립되어 $a=5$, $b=-6$이 됩니다.

4. **수치대입법** 'n차인 두 다항식이 항등식이 될 조건은, $n+1$개 이상의 수 값에 대하여 각 식의 값이 각각 서로 같다.'는 항등식의 성질을 이용하여 미정계수를 정하는 방법을 말합니다. 예를 들어, 항등식 $x^2+3x+2=(x-1)^2+a(x-1)-b$에서 적당한 값을 대입하여 미정계수를 정하는 방법으로 $x=1$을 양변에 대입하면 $1+3+2=(1-1)^2+a(1-1)-b$가 되어 $b=-6$이 됩니다. 또한 $x=0$을 양변에 대입하면 $2=1-a-b$가 되어 $a=5$가 됩니다.

아벨의 두 번째 수업

다항식의 나눗셈

앞 단원에서 배운 다항식의 나눗셈을 좀 더 일반화시켜 등식으로 나타내 볼까요?

다항식 x^3-4x^2+x-2을 $x-3$으로 나누었을 때, 몫은 x^2-x-2이고 나머지는 -8이 됩니다. 이것을 자연수에서의 나눗셈과 비교하여 식을 만들어 볼까요?

자연수 21을 2로 나누면 몫이 10, 나머지는 1이 나옵니다. 이것을 등식으로 나타내면 $21=2\times10+1$이 되겠죠? 그렇다면 위의 다항식도 등식으로 나타낼 수 있을까요? 자, 그럼 누가 한 번 해 볼래요? 시은이가 자신 있게 손을 들었군요!

"자연수와 마찬가지로 다항식에서도 몫과 나머지를 이용하여 등식을 만들면 $x^3-4x^2+x-2=(x-3)(x^2-x-2)-8$과 같습니다."

네, 잘 설명했습니다.

이와 같이 다항식의 나눗셈에서는 다음과 같은 정리가 성립합니다.

> **쏙쏙 이해하기**
>
> 다항식 A를 다항식 B로 나눌 때의 몫을 Q, 나머지를 R이라고 하면 A＝BQ＋R이다. (단, R의 차수는 B의 차수보다 낮다.)

특히 나머지 R＝0이면 다항식 A는 다항식 B(B≠0)로 나누어떨어진다고 합니다. 예를 들어 다항식 x^2-x-12를 다항식 $x+3$으로 나누면 몫과 나머지는 얼마일까요? 윤주가 대답해 볼까요?

"몫은 $x-4$이고 나머지는 0입니다."

잘 대답했습니다. 계속해서 윤주가 다항식의 몫과 나머지를 등식으로 표현해 보세요.

"$x^2-x-12=(x+3)(x-4)+0$입니다."

여기서 나머지 0은 생략하고 $x^2-x-12=(x+3)(x-4)$로

표현하며 다항식 x^2-x-12는 다항식 $x+3$으로 '나누어떨어진다.'라고 합니다. 만약 나머지 R≠0이면 다항식 A는 다항식 B(B≠0)로 나누어떨어지지 않으므로 다항식 전체의 집합은 나눗셈에 대하여 닫혀 있지 않음을 알 수 있습니다.

이제부터는 다항식의 나눗셈을 이용하여 A=BQ+R의 형태로 나타내 볼까요?

(1) $(x^2+2x-4) \div (x-2)$

(2) $(2x^2+x-3) \div (x+5)$

(3) $(x^3+x^2-5) \div (x^2-2x-1)$

보람이가 위의 문제들을 해결해 볼까요?

"네, 저는 (3)번이 삼차식으로 되어 있어 조금은 어려웠지만 다음과 같이 해결해 봤습니다."

(1) $(x^2+2x-4)=(x-2)(x+4)+4$

(2) $(2x^2+x-3)=(x+5)(2x-9)+42$

(3) $(x^3+x^2-5)=(x^2-2x-1)(x+3)+7x-2$

보람이가 해결한 식

매우 잘했어요! 이제 여러분은 다항식의 나눗셈을 자연수의 나눗셈처럼 쉽게 해결할 수 있게 되었습니다.

항등식이란?

다음과 같은 다섯 개의 등식이 있습니다.

(1) $2x=3$
(2) $3x=2x+1$
(3) $4x+1=1+4x$
(4) $5x+2=5x-2$
(5) $x^2-2x+3=3-2x+x^2$

$x=1$을 대입할 때, 등식이 성립하는 것을 윤주가 찾아볼까요?

"네, (2), (3), (5)입니다."

잘했어요. (2), (3), (5)는 $x=1$을 대입할 때 성립하지만 나머지는 등식이 성립하지 않죠?

이번에는 $x=-1$을 대입할 때, 등식이 성립하는 것을 수학박사 재호가 찾아볼까요?

"(3), (5)입니다."

그렇죠! ⑶, ⑸는 $x=1$ 또는 $x=-1$을 대입해도 등식이 성립함을 알 수 있겠죠? 그렇다면 이번에는 ⑶, ⑸에 다른 숫자를 대입해 볼까요? 각자 좋아하는 숫자를 대입하세요.

등식이 성립하지 않는 숫자가 있으면 말해 보세요. 여러분 중에 이 숫자를 찾는 사람은 대단한 사람으로 인정받아 영원히 잊혀지지 않을 것입니다.

하지만 애석하게도 그 숫자는 존재하지 않습니다. 왜냐하면 어떤 숫자를 대입해도 항상 등식이 성립하기 때문이죠! 조금은 실망스럽죠? 하지만 앞에 있는 (3), (5)와 같은 등식을 잘 이해하면 여러분에게 많은 도움을 줄 것입니다.

(3), (5)와 같이 문자를 포함하는 등식에서 문자에 어떤 값을 대입하여도 주어진 등식이 항상 성립되는 등식을 그 문자에 대한 항등식이라고 합니다. 앞에서 배운 곱셈 공식이나 사칙 연산으로 정리한 다항식 등은 모두 항등식이라고 합니다. 예를 들어 다음과 같은 식은 모두 x에 대한 항등식입니다.

(1) $(x+1)^2 = x^2 + 2x + 1$
(2) $(x+1)(x-1) = x^2 - 1$
(3) $(x+1)^3 = x^3 + 3x^2 + 3x + 1$
(4) $(x+2)^2 - 3x = x^2 + x + 4$
(5) $(x+3)(2x-1) - (x+1)(x+2) = x^2 + 2x - 5$

즉, 항등식이라는 것은 양변이 같은 식으로 이루어진 등식을 뜻합니다. 그렇다면 이번에는 $Ax+B=0$과 같은 식이 x에 대한 항등식이라고 한다면 A, B를 어떻게 구할 수 있을까요?

재진이가 대답해 볼까요?

"음, 항등식이라는 것은 '문자에 어떤 값을 대입하여도 주어진 등식이 항상 성립되는 등식'을 말하므로 x에 ……, 0, 1, 2, ……을 대입해도 등식이 항상 성립하면 됩니다. 따라서 $x=0$을 대입하면 $B=0$이고, $x=1$을 대입하면 $A+B=0$에서 $B=0$이므로 $A=0$이 됩니다. 그러므로 $A=0, B=0$입니다."

그렇다면 이번에는 $A=0, B=0$일 때, $Ax+B=0$의 값은 모든 x에 대하여 성립할까요? 보람이가 대답해 보세요.

"$A=0, B=0$이므로, $0 \times x + 0 = 0$의 식이 성립되므로 모든 x에 대하여 성립합니다."

네, 잘 대답했습니다.

앞에서 배운 다항식의 나눗셈에서 '다항식 A를 다항식 B $(B \neq 0)$로 나눌 때의 몫을 Q, 나머지를 R이라 하면 $A=BQ+R$ (단, R의 차수는 B의 차수보다 낮다.)'도 항등식이라고 말할 수 있겠죠?

일반적으로 항등식에는 다음과 같은 성질이 있습니다.

쏙쏙 이해하기

(1) $Ax+B=0$이 x에 대한 항등식이 되기 위한 필요충분조건은 $A=B=0$

(2) $Ax+B=Cx+D$가 x에 대한 항등식이 되기 위한 필요충분조건은 $A=C, B=D$

(3) $Ax^2+Bx+C=0$이 x에 대한 항등식이 되기 위한 필요충분조건은 $A=B=C=0$

(4) $Ax^2+Bx+C=A'x^2+B'x+C'$가 x에 대한 항등식이 되기 위한 필요충분조건은 $A=A', B=B', C=C'$

차수를 좀 더 확장하여 항등식을 알아볼까요?

일반적으로 등식 $a_0x^n+a_1x^{n-1}+a_2x^{n-2}+\cdots\cdots+a_{n-2}x^2+a_{n-1}x+a_n=0$이 항등식이 되기 위한 필요충분조건은 $a_0=a_1=a_2=\cdots\cdots=a_{n-2}=a_{n-1}=a_n=0$입니다.

따라서 등식 $a_0x^n+a_1x^{n-1}+\cdots\cdots+a_{n-1}x+a_n=b_0x^n+b_1x^{n-1}+\cdots\cdots+b_{n-1}x+b_n$이 항등식이 되기 위한 필요충분조건은 $a_0=b_0, a_1=b_1, \cdots\cdots, a_n=b_n$입니다.

미정계수법이란?

등식 $x^2+3x+2=(x-1)^2+a(x-1)-b$가 x에 대한 항등식이라면 a, b의 값을 어떻게 구할 수 있을까요? 지금까지 배운 항등식의 여러 가지 성질을 이용하여 신숙이가 해결해 볼까요?

"오른쪽의 다항식 $(x-1)^2+a(x-1)-b$를 내림차순으로 정리하면 $(x-1)^2+a(x-1)-b=x^2+(a-2)x+1-a-b$가 되어 항등식의 성질 (4)에 의해 $x^2+3x+2=x^2+(a-2)x+1-a-b$가 성립하므로 $3=a-2, 2=1-a-b$가 성립되어 $a=5, b=-6$이 됩니다."

잘 대답했습니다. 자, 신숙이를 위해 다 함께 박수! 짝짝짝! 항등식의 성질을 기억하면 문제를 해결하는 데 매우 쉽게 접근할 수 있다는 것을 신숙이의 설명에서 알 수 있겠죠?

그렇다면 신숙이가 해결한 방법 이외의 방법으로 해결할 수는 없을까요?

"아벨 선생님! 기억났어요."

덕호가 설명해 보세요!

"선생님, 항등식을 배울 때 사용했던 임의의 숫자를 대입하면 안 될까요?"

덕호가 정확하게 대답했군요! 요즈음 열심히 공부에 집중하

더니 더욱더 발전하는 모습이 보입니다. 그렇습니다. 바로 숫자를 대입하여 a, b를 구할 수 있답니다. 숫자를 대입하여 한번 해결해 볼까요?

항등식 $x^2+3x+2=(x-1)^2+a(x-1)-b$에서 $x=1$을 양변에 대입하면 $1+3+2=(1-1)^2+a(1-1)-b$가 되어 $b=-6$이 됩니다. 또한 $x=0$을 양변에 대입하면 $2=1-a-b$가 되어 $a=5$가 됩니다. 이와 같이 주어진 항등식에 적당한 숫자를 대입하여 a, b를 구할 수 있습니다.

이렇게 항등식의 성질을 이용하여 미지의 계수를 결정하는 방법을 미정계수법이라고 합니다.

미정계수법

항등식의 성질을 이용하여 미지의 계수를 결정하는 방법을 말한다. 일반적으로 미정계수법에는 수치대입법과 계수비교법이 있다.

미정계수법 중에서 선숙이가 사용한 방법을 계수비교법이라 하고, 덕호가 대답한 방법을 수치대입법이라고 합니다.

이제부터는 미정계수법을 이용하여 항등식에서의 미지수를 구할 수 있겠죠?

자, 그럼 우리의 수학 천재 채빈이가 아래와 같은 등식이 x에 대한 항등식이 되도록 상수 a, b의 값을 구해 볼까요?

(1) $a(x-1)+b(x-2)=2x-1$
(2) $x^2-x+a=(x-7)(x+b)$
(3) $a(x-1)^3+b(x+1)^2+cx-2=x^3-x^2+3x+1$

"음~ (1) $a(x-1)+b(x-2)=2x-1$이 항등식이 되도록 하려면 임의의 값을 대입하여도 항상 성립하면 되므로 $x=1$, $x=2$를 차례로 대입하여 정리하면 $a=3, b=-1$입니다. (2) 는 $x^2-x+a=(x-7)(x+b)$의 우변을 정리하면 $(x-7)(x+b)=x^2+(b-7)x-7b$이며 좌변의 x^2-x+a와 항등식이 되려면 $x^2-x+a=x^2+(b-7)x-7b$가 성립해야 합니다. 따라서 항등식의 성질에 의해 $-1=b-7, a=-7b$가 성립하고, 이것을 정리하면 $a=-42, b=6$이 됩니다. 그리고 ⑶번 식 $a(x-1)^3+b(x+1)^2+cx-2=x^3-x^2+3x+1$은 미정계수법 중에서 수치대입법을 이용해서 해결해 보겠습니다. 먼저 $x=-1, x=0, x=1$을 차례로 대입하여 정리하면 다음과 같은 세 식이 나옵니다.

$$\begin{cases} 8a+c=2 & \cdots ㉠ \\ -a+b=3 & \cdots ㉡ \\ 4b+c=6 & \cdots ㉢ \end{cases}$$

이 식을 연립하여 풀면 $a=2, b=5, c=-14$입니다."

어려운 문제를 잘 해결한 채빈이에게 박수를 보냅시다. 잘 해결했어요. ⑶의 경우에는 채빈이가 말한 대로 수치대입법과 계수비교법 중에서 하나를 선택하여 문제를 해결하면 됩니다. 채빈이는 수치대입법을 사용하여 문제를 잘 해결했습니다. 미정계수가 있는 복잡한 항등식이라도 수치대입법과 계수비교법을 사용하면 쉽게 미지수를 구할 수 있습니다. 특히 차수가 높을 때는 수치대입법을 사용하는 것이 좋을 듯합니다.

합을 나타내는 공식 중 항등식과 같은 의미를 갖고 있는 다음 내용을 여러분이 알고 있었다면 수학자 가우스가 수업 시간에 계산했던 것보다 더 빠르게 계산했겠죠?

쏙쏙 이해하기

자연수 n에 대하여 다음이 성립한다

(1) $1+2+3+4+\cdots\cdots+n=\dfrac{n(n+1)}{2}$

(2) $1^2+2^2+3^2+4^2+\cdots\cdots+n^2=\dfrac{n(n+1)(2n+1)}{6}$

(3) $1^3+2^3+3^3+4^3+\cdots\cdots+n^3=\left\{\dfrac{n(n+1)}{2}\right\}^2$

$n=10$일 때 위의 세 가지 경우를 모두 구해 보면 다음과 같습니다.

$$1+2+3+4+\cdots\cdots+10=\dfrac{10(10+1)}{2}=5\times 11=55$$

$$1^2+2^2+3^2+4^2+\cdots\cdots+10^2=\dfrac{10(10+1)(20+1)}{6}=385$$

$$1^3+2^3+3^3+4^3+\cdots\cdots+10^3=\left\{\dfrac{10(10+1)}{2}\right\}^2=55^2=3025$$

이것을 하나하나 계산해서 구한다면 대단한 인내력을 필요로 하겠죠? 물론 계산기를 사용해도 많은 시간을 필요로 할 것입니다. 항등식의 개념으로 기억해 둔다면 쉽게 계산할 수 있는 공식이랍니다.

수업정리

❶ 다항식 A를 다항식 B(B≠0)로 나눌 때의 몫을 Q, 나머지를 R이라 하면 A=BQ+R입니다. (단, R의 차수는 B의 차수보다 낮다.)

❷ $Ax^2+Bx+C=A'x^2+B'x+C'$가 x에 대한 항등식이 되기 위한 필요충분조건은 $A=A'$, $B=B'$, $C=C'$를 이해하고 문제에 적용합니다.

❸ 항등식을 이해하고 미정계수법인 계수비교법과 수치대입법을 이용합니다.

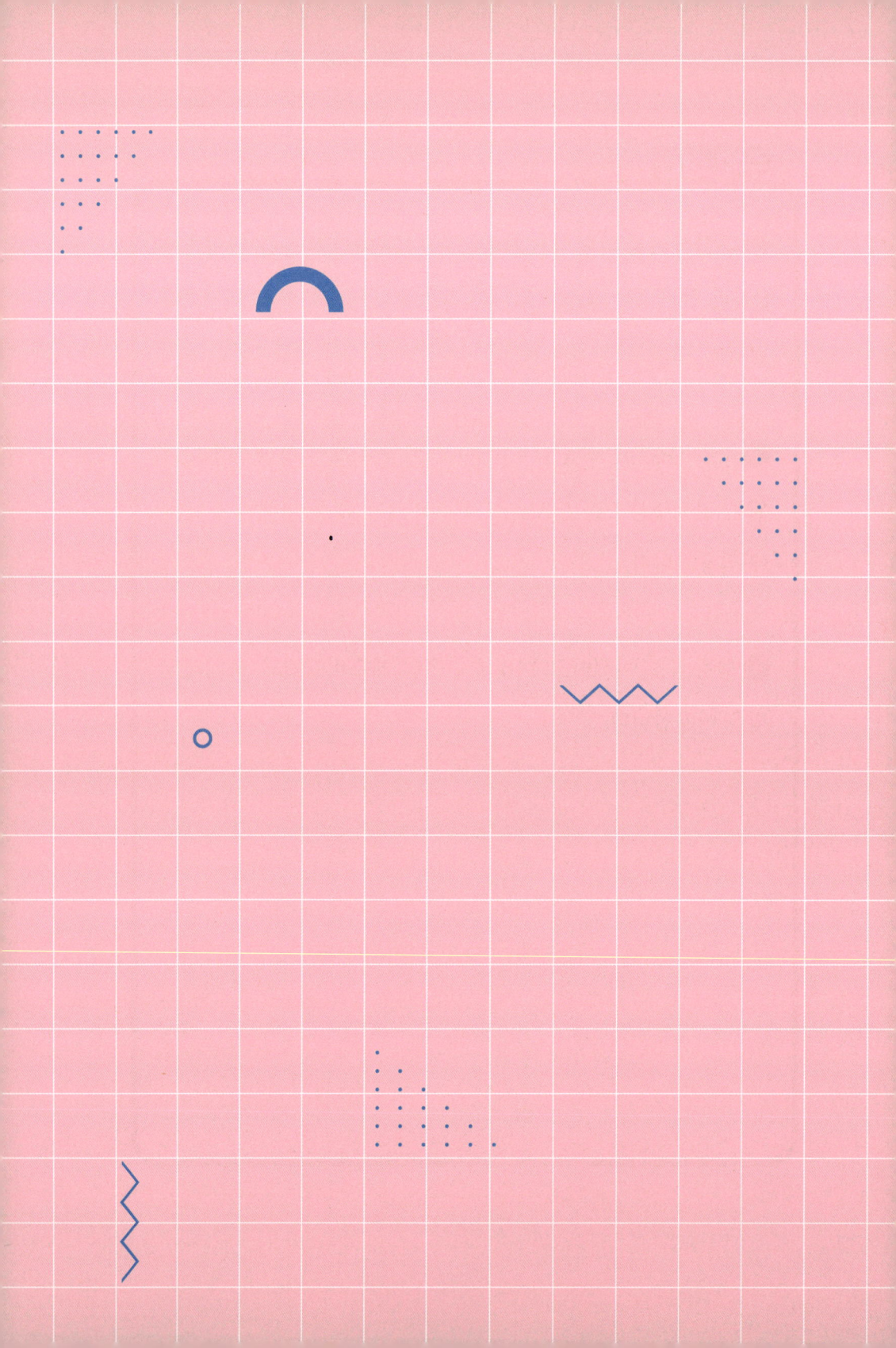

3교시

나머지정리

나머지정리를 이해하고
활용하는 방법에 대해서 알아봅니다.

수업 목표

1. 나머지정리를 이해할 수 있습니다.
2. 다항식을 일차식으로 나누었을 때 나머지를 구할 수 있습니다.

미리 알면 좋아요

나머지정리 다항식 $f(x)$를 일차식 $x-a$로 나눈 나머지는 $f(a)$와 같다는 정리를 말합니다. 예를 들어, 다항식 x^2-3x-5를 일차식 $x-1$로 나누었을 때의 나머지 $x=1$을 다항식 x^2-3x-5에 대입하면 -7이 됩니다. 즉, 항등식 $x^2-3x-5=(x-1)Q(x)+R$에서 $x=1$을 양변에 대입하면 나머지 $R=-7$이 됩니다.

아벨의 세 번째 수업

오늘은 나머지정리에 대하여 알아보겠습니다.

나머지정리란?

여러분이 유치원에 다닐 때 100원짜리 동전을 가지고 슈퍼마켓에 들러 과자값을 지불했던 기억이 있을 것입니다. 초등학교에 진학한 후에는 물건값을 이해하고 그것을 구입하기 위해서는 얼마가 필요한지도 알게 되었을 것입니다.

 이러한 사항들은 덧셈, 곱셈, 나눗셈을 통하여 터득한 결과겠지요? 특히 실생활에 있어서 곱셈과 나눗셈은 많이 사용됩니다.
 이제부터는 다항식의 나눗셈에 있어서 나머지를 어떻게 구하는지에 대해 알아보도록 하겠습니다.
 자연수의 나눗셈에서 100을 3으로 나눌 때 나머지는 1이고,

456을 2로 나누면 나머지는 0입니다. 좀 더 확장하여 다항식에서의 나머지를 생각해 보도록 합시다. 다항식을 일차식으로 나누었을 때 나머지를 직접 나눗셈을 하지 않고 간단히 구하는 방법이 있는데 지금부터 알아보도록 하겠습니다.

x에 대한 다항식 $f(x)$를 일차식 $x-\alpha$로 나누었을 때, 몫을 Q(x), 나머지를 R(단, R은 상수)이라고 할 때, 어떤 식이 성립하는지 시현이가 말해 볼까요?

"$f(x)=(x-\alpha)$Q(x)+R입니다."

그렇습니다. 앞에서 배운 대로 시현이가 잘 대답했습니다. 그런데 $f(x)=(x-\alpha)$Q(x)+R이라는 등식은 항등식이므로 임의의 값을 대입해도 성립하게 됩니다. 따라서 나머지만을 구하고자 할 때에는 $x=\alpha$를 대입하면 다음과 같습니다.

$f(\alpha)=(\alpha-\alpha)$Q($\alpha$)+R

$f(\alpha)=$R

$\therefore$ R$=f(\alpha)$

이렇게 다항식을 일차식으로 나누었을 때 나머지를 구할 수 있는 방법을 나머지정리라고 합니다.

> x에 대한 다항식 $f(x)$를 일차식 $x-a$로 나누었을 때의 나머지를 R이라 하면 R$=f(a)$이다.

이제 나머지정리를 활용하여 나머지를 구해 볼까요?

다항식 x^2-3x-5를 일차식 $x-1$로 나누었을 때의 나머지를 서진이가 구해 볼까요?

"선생님께서 가르쳐 주신 나머지정리를 이용해 $x=1$을 다항식 x^2-3x-5에 대입하면 -7이 됩니다."

역시 똑똑하군요! 잘 설명해 주었습니다. 항등식 $x^2-3x-5=(x-1)Q(x)+R$에서 $x=1$을 양변에 대입하면 나머지 $R=-7$이 됩니다. 나머지정리만 이해하면 나머지는 쉽게 구할 수 있겠죠?

이제 다항식 $2x^2+5x-1$을 아래와 같은 일차식으로 나누었을 때의 나머지를 수학 홍보대사 나연이가 구해 볼까요?

(1) $x+2$
(2) $x-\dfrac{1}{2}$
(3) $2x-1$

"(1) $x+2$의 나머지는 $x=-2$를 다항식 $2x^2+5x-1$에 대입하면 -3이 되고, (2) $x-\dfrac{1}{2}$의 나머지는 $x=\dfrac{1}{2}$을 다항식 $2x^2+5x-1$에 대입하면 2가 됩니다. 그리고 (3) $2x-1$의 나머지는 $x=\dfrac{1}{2}$을 다항식 $2x^2+5x-1$에 대입하면 2가 됩니다."

(3)의 경우에는 (1), (2)와 마찬가지로 일차식으로 나누어지는 값이 0이 되는 x의 값을 양변에 대입하면 됩니다. 즉, 항등식 $2x^2+5x-1=(2x-1)Q(x)+R$에서 $2x-1=0$을 만족하는 값 $x=\dfrac{1}{2}$을 양변에 대입하면 다음과 같습니다.

$$2\left(\dfrac{1}{2}\right)^2+5\left(\dfrac{1}{2}\right)-1=\left\{2\left(\dfrac{1}{2}\right)-1\right\}Q\left(\dfrac{1}{2}\right)+R$$

$$\dfrac{1}{2}+\dfrac{5}{2}-1=(1-1)Q\left(\dfrac{1}{2}\right)+R$$

$$\therefore R=2$$

쏙쏙 이해하기

x에 대한 다항식 $f(x)$를 일차식 $ax+b$로 나누었을 때의 나머지는 $f\left(-\dfrac{b}{a}\right)$와 같다.

이번에는 나머지를 이용하여 다항식에서 미지수 구하는 방법을 알아보겠습니다. 다항식 $3x^2-2x+a$를 일차식 $x-1$로 나누었을 때의 나머지가 5일 때, 상수 a의 값을 구해 볼까요?

재진이가 앞의 내용을 바탕으로 항등식으로 표현해 보세요.

"$3x^2-2x+a$를 일차식 $x-1$로 나누었을 때의 몫을 $Q(x)$,

나머지를 5라 하면 $3x^2-2x+a=(x-1)Q(x)+5$입니다."

그렇습니다. 잘 표현했습니다. 이제 다항식 $3x^2-2x+a$의 상수 a를 구하기 위해 항등식 $3x^2-2x+a=(x-1)Q(x)+5$의 양변에 어떤 값을 대입해야 할까요? 윤주가 한번 대답해 보세요.

"네, $x=1$입니다."

그렇죠? $x=1$을 항등식 $3x^2-2x+a=(x-1)Q(x)+5$에 대입하여 상수 a를 구하면 $3\times 1^2-2\times 1+a=(1-1)Q(1)+5$
$\therefore a=4$

이번에는 삼차다항식 x^3+2x^2-3x+2를 이차다항식 x^2+x-2로 나누었을 때의 나머지를 수학의 달인 시현이가 자연수의 나눗셈과 같은 방법으로 구해 볼까요?

$$\begin{array}{r}
x+1 \\
x^2+x-2\overline{\smash{\big)}\,x^3+2x^2-3x+2} \\
\underline{x^3+x^2-2x} \\
x^2-x+2 \\
\underline{x^2+x-2} \\
-2x+4
\end{array}$$

··· 몫

$(x^2+x-2)\times x$

$(x^2+x-2)\times 1$
··· 나머지

시현이가 해결한 식

"몫이 $x+1$, 나머지가 $-2x+4$로 나타났습니다."

잘 해결하였습니다.

이것을 항등식으로 표현하면 어떻게 되는지 계속해서 시현이가 대답해 볼까요?

"몫이 $x+1$, 나머지가 $-2x+4$이므로 항등식으로 표현하면 $x^3+2x^2-3x+2=(x^2+x-2)(x+1)-2x+4$입니다."

또 다른 예를 들어 볼까요?

삼차다항식 $-2x^3+x^2+2x+1$을 이차다항식 $2x^2-3x+1$로 나누었을 때의 나머지는 어떻게 되는지 오랜만에 덕호가 설명해 보세요.

"다음과 같이 몫이 $-x-1$, 나머지가 2로 나타났습니다."

$$\begin{array}{r} -x-1 \cdots \text{몫} \\ 2x^2-3x+1\overline{)-2x^3+x^2+2x+1} \\ \underline{-2x^3+3x^2-x} \quad (2x^2-3x+1)\times(-x) \\ -2x^2+3x+1 \\ \underline{-2x^2+3x-1} \quad (2x^2-3x+1)\times(-1) \\ 2 \quad \cdots \text{나머지} \end{array}$$

덕호가 해결한 식

네, 잘 해결했어요.

이번에는 삼차다항식 x^3+2x^2-5x-6을 이차다항식 x^2-x-2로 나누었을 때의 나머지는 어떻게 되는지 재호가 설명해 보세요.

$$
\begin{array}{r}
x+3 \cdots 몫 \\
x^2-x-2 \overline{)x^3+2x^2-5x-6} \\
\underline{x^3-x^2-2x} (x^2-x-2)\times x \\
3x^2-3x-6 \\
\underline{3x^2-3x-6} (x^2-x-2)\times 3 \\
0 \cdots 나머지
\end{array}
$$

재호가 해결한 식

"위와 같이 몫이 $x+3$, 나머지가 0으로 나타났습니다."

역시 수학 박사 재호가 잘 해결했군요! 시현이, 덕호, 재호가 해결한 세 문제의 나머지를 살펴볼까요? 시현이의 경우에는 나머지가 $-2x+4$, 덕호는 2, 재호는 0이 나왔습니다. 왜 그렇게 나왔을까요?

힌트를 주자면 앞에서 배운 나머지정리와 여러분이 초등학교에서 배운 자연수에서의 나눗셈을 생각해 보세요!

"아벨 선생님!"

그래, 성희야!

"정확하지는 않지만 자연수에서 나누는 수와 나머지의 관계는 나머지가 나누는 수보다는 항상 작은 값이 나오고 위에서 해결한 세 다항식에서도 나누는 차수는 이차다항식인데 나머지는 일차다항식이거나 또는 상수항 또는 0으로 나와 나머지는 나누는 차수보다 항상 작은 차수로 나오는 것 같은데……. 정확한지 모르겠어요."

성희가 정확하게 설명했습니다. 즉, 삼차다항식을 일차다항식으로 나누면 나머지는 상수가 되고, 이차다항식으로 나누면 나머지는 일차다항식이거나 또는 상수가 됩니다.

쏙쏙 이해하기

> x에 대한 다항식 $f(x)$를 이차식으로 나누면 나머지는 일차식 이하다.

나누는 차수가 몇 차인지에 따라 나머지는 쉽게 예측할 수 있겠죠? 그래서 준비한 문제가 있습니다.

> **쏙쏙 문제 풀기**
>
> 다항식 $f(x)$를 $x-1$, $x+1$로 나누었을 때의 나머지가 각각 3과 5라고 한다. 이때, $f(x)$를 $(x-1)(x+1)$로 나누었을 때의 나머지를 구하시오.

앞에서 배운 것을 활용해 나머지를 구해 볼까요?

다항식 $f(x)$를 $(x-1)(x+1)$로 나누었을 때의 나머지는 몇 차식이 될까요? 이차식으로 나누었으니 당연히 일차식 이하가 되겠죠? 그렇다면 선숙이가 항등식으로 표현해 볼까요?

"다항식 $f(x)$를 $(x-1)(x+1)$로 나누었을 때의 몫과 나머지를 각각 $Q(x)$, $ax+b$라고 하면 $f(x)=(x-1)(x+1)Q(x)+ax+b$가 됩니다."

역시 잘 대답했습니다. 이제 나머지정리를 활용해 봅시다.

$x=1$을 항등식에 대입하면,

$f(1)=(1-1)(1+1)Q(1)+a+b=a+b$ ⋯㉠

$x=-1$을 항등식에 대입하면,

$f(-1)=(-1-1)(-1+1)Q(-1)+a(-1)+b$
$\qquad =-a+b$ ⋯㉡

그런데 다항식 $f(x)$를 $x-1, x+1$로 나누었을 때의 나머지가 각각 $3, 5$라고 하므로,

㉠에서 나머지는 $a+b$이므로 $f(1)=a+b=3$ ⋯㉢

㉡에서 나머지는 $-a+b$이므로 $f(-1)=-a+b=5$ ⋯㉣

㉢과 ㉣을 이용하여 상수 a와 b를 구하면 $a=-1, b=4$가 됩니다. 따라서 처음 가정한 나머지 $ax+b$에 대입하면 $-x+4$가 되어 선숙이가 대답한 항등식에 대입하면 $f(x)=(x-1)(x+1)Q(x)-x+4$가 됩니다.

이렇게 나누는 차수를 알면 나머지를 구할 수 있답니다. 이제 나머지를 이용한 다음과 같은 퍼즐 문제에 도전해 볼까요?

문제 풀기

다음 조건을 모두 만족하는 수 중에서 가장 작은 수를 구하시오.

조건 ① : 2로 나누면 나머지는 1이다.
조건 ② : 3으로 나누면 나머지는 2이다.
조건 ③ : 4로 나누면 나머지는 3이다.
조건 ④ : 5로 나누면 나머지는 4이다.

앞의 조건을 차례로 생각해 봅시다.

먼저, 조건 ①에서 2로 나누면 나머지는 1이라고 했으므로 구하고자 하는 수에 1을 더한 후 2로 나누면 나머지는 1+1=2가 되어 나누어떨어지겠죠?

그리고 조건 ②에서 3으로 나누면 나머지는 2라고 했으므로 구하고자 하는 수에 1을 더한 수 3으로 나누면 나머지는 2+1=3이 되어 나누어떨어집니다. 조건 ③, 조건 ④도 같은 방법으로 하면 4로 나누어떨어지고, 5로 나누어떨어집니다.

즉, 2로도, 3으로도, 4로도, 5로도 모두 나누어떨어지는 수 중에서 가장 작은 수를 구하면 다음과 같습니다.

$5 \times 4 \times 3 = 60$

따라서 구하는 수는 처음에 1을 더했으므로 60에서 1을 뺀 59입니다. 과연 59가 위의 조건 네 가지를 모두 만족하는지 확인해 보세요.

수업정리

❶ 다항식에서 나머지정리 'x에 대한 다항식 $f(x)$를 일차식 $x-a$로 나누었을 때의 나머지를 R이라 하면 $R=f(a)$'를 이용하여 나머지를 구할 수 있습니다.

❷ 다항식의 나눗셈에서 나머지는 나누는 식보다 차수가 낮음을 알 수 있습니다.

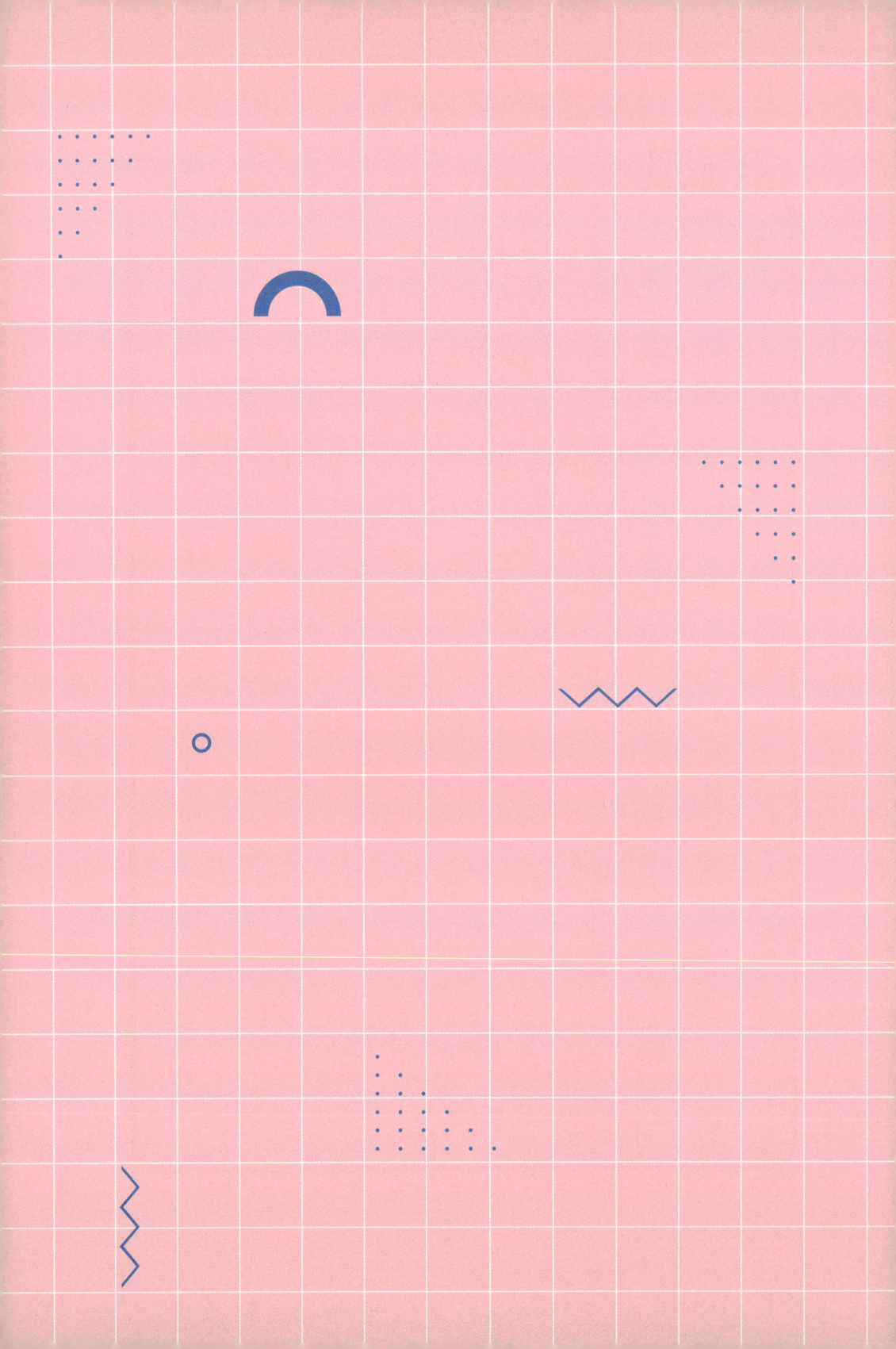

4교시

인수정리

나머지정리와 인수정리를
함께 이해할 수 있습니다.

수업 목표

1. 나머지정리와 인수정리의 관계를 이해할 수 있습니다.
2. 인수정리를 이해하고 문제 해결에 활용할 수 있습니다.

미리 알면 좋아요

1. **인수정리** 다항식 $f(x)$를 일차식 $x-a$로 나눈 나머지는 $f(a)$와 같다는 나머지정리에서 $f(a)=0$이면 $f(x)$는 $x-a$를 인수로 갖는다는 정리를 말합니다. 예를 들어, 다항식 x^3+x^2+ax-3이 $x-1$로 나누어떨어지도록 하는 상수 a의 값을 정할 때, 인수정리를 이용하면 다항식 x^3+x^2+ax-3이 $x-1$로 나누어떨어지므로 몫을 $Q(x)$라고 하면 $x^3+x^2+ax-3=(x-1)Q(x)$입니다. 따라서 $x=1$을 대입하면 $1^3+1^2+a-3=(1-1)Q(1)$
∴ $a=1$입니다.

2. **판별식** 이차방정식의 근의 종류를 알아내기 위한 식을 말합니다. 예를 들어, 이차방정식 $ax^2+bx+c=0$ $(a\neq 0)$에서 $D=b^2-4ac$라고 할 때, $D>0$이면 서로 다른 두 개의 실근을, $D<0$이면 서로 다른 두 개의 허근을, $D=0$이면 중근을 갖습니다.

3. **필요충분조건** 두 개의 명제 A, B에 대하여 'A이면 B다.'와 'B이면 A다.'가 모두 참일 때, A에 대한 B, B에 대한 A를 이르는 말로 명제 A와 명제 B가 근본적으로 같다는 뜻입니다. 예를 들어, 두 명제 A, B가 각각 A: $x^2+y^2=0$, B: $x=y=0$일 때, A는 B이기 위한 필요충분조건입니다.(단, x, y는 실수)

아벨의 네 번째 수업

오늘은 인수정리에 대하여 알아보겠습니다.

인수란?

우리 잠시 《아벨이 들려주는 인수분해 1 이야기》에서 언급했던 인수에 대하여 복습해 볼까요? 양의 정수에서 인수란 무엇인지 수학에 관심이 많은 수진이가 말해 보세요.

"양의 정수 6이라고 하는 숫자를 두 개의 양의 정수의 곱으로 표현하면 6=1×6=2×3입니다. 즉, 두 수를 곱해서 6이 나오는 수 1, 2, 3, 6을 6의 인수라고 합니다."

네, 잘 대답했어요. 인수는 수의 경우에만 사용하는 것처럼 보이지만, 실제로는 식의 경우에도 사용됨을 《아벨이 들려주는 인수분해 1 이야기》에서 배웠습니다. 그렇다면 다항식 x^2-1의 인수는 무엇인지 시은이가 말해 볼까요?

"다항식 x^2-1을 인수분해하면 $x^2-1=(x-1)(x+1)$이므로 $1, x-1, x+1, x^2-1$이 인수가 됩니다."

인수정리란?

나머지정리란 'x에 대한 다항식 $f(x)$를 일차식 $x-a$로 나누었을 때의 나머지를 R이라 하면 $R=f(a)$'입니다.

나머지정리를 확인해 보면 몫은 구할 수도 있고 구할 수 없기도 하지만 나머지만큼은 쉽게 구할 수 있다는 것을 알 수 있습니다. 이와 비슷한 것으로 판별식이라는 것이 있습니다.

이해하기

판별식

이차방정식의 근의 종류를 알아내기 위한 식을 말합니다. 예를 들어, 이차방정식 $ax^2+bx+c=0$ $(a\neq 0)$에서 $D=b^2-4ac$라고 할 때, $D>0$이면 서로 다른 두 개의 실근을, $D<0$이면 서로 다른 두 개의 허근을, $D=0$이면 중근을 갖습니다.

판별식은 이차방정식의 근이 실근인지, 중근인지, 허근인지만을 알 수 있는 경우입니다. 정확한 근은 알 수 없으나 어떤 근인지는 알 수 있습니다.

한편, 나머지정리는 나머지가 무엇인지를 정확히 알려 주는 정리입니다. 이제부터는 나머지정리에서 나머지가 특수한 경우를 찾아보도록 하겠습니다. 어떤 경우가 특수한 경우인지 누가 말해 볼까요?

"나머지가 없는 경우가 아닐까요?"

비슷하게 맞혔습니다. 그런데 내가 구구단의 곱셈 문제를 물어 보겠습니다. 여러분 모두 대답할 수 있는 문제입니다. 자, 잘 듣고 대답해 보세요.

칠·구?

"63!"

팔·오?

"40!"

자, 내가 '칠·구?'라고 물었을 때 여러분은 '63!'이라고 대답했죠? 나의 질문 '칠~구?'는 7×9를 의미하고 여러분의 대답은 7과 9의 곱인 63이었습니다. 두 수 7과 9를 곱하라는 것을 생략하고 '칠~구?'로만 질문한 것입니다. 바로 곱셈에서만 통용되는 것이겠죠?

이 부분은 곱셈에서만 사용되는 부분임을 알 수 있습니다. 자, 자음이와 모음이가 다음과 같이 구구단 게임을 하였습니다.

"구구단을 외자! 구구단을 외자!"

"이팔?"

"청춘!"

"이구?"

"아나!"

"오삼?"

"불고기!"

"육삼?"

"빌딩!"

위의 대화에서 자음이가 질문한 것과 모음이가 대답한 것에서 많은 차이를 발견할 것입니다. 자음이는 곱셈을 질문했는데 모음이는 단어로 인식하여 잘못 대답한 내용입니다.

이와 같이 특수한 경우에는 원래 의미를 생략하고 질문할 수 있습니다.

나머지정리에서도 특수한 경우가 있습니다. 미정이가 대답했듯이 나머지가 0인 경우입니다. 이와 같이 나머지가 0인 경우를 인수정리라고 하는데 다항식 $f(x)$를 일차식 $x-a$로 나누었을 때, 나머지가 0이면 $f(x)$는 $x-a$로 나누어떨어집니다.

즉, $x-a$는 $f(x)$의 인수가 되며, 그 역 또한 성립합니다.

> **쏙쏙 이해하기**
>
> x에 대한 다항식 $f(x)$가 일차식 $x-a$로 나누어떨어지기 위한 필요충분조건은 $f(a)=0$이다.

인수정리가 사용되는 다음 문제를 수진이가 해결해 볼까요?

> **쏙쏙 문제 풀기**
>
> 다항식 x^3+x^2+ax-3이 $x-1$로 나누어떨어지도록 상수 a의 값을 정하면?

"인수정리를 이용하면 다항식 x^3+x^2+ax-3이 $x-1$로 나누어떨어지므로 몫을 $Q(x)$라고 하면 $x^3+x^2+ax-3=(x-1)Q(x)$입니다. 따라서 $x=1$을 대입하면 $1^3+1^2+a-3=(1-1)Q(1)$, 그러므로 $a=1$입니다."

추가로 설명하면 다항식 x^3+x^2+ax-3을 $f(x)$라 하면 $f(x)=x^3+x^2+ax-3$이 됩니다. 다항식 $f(x)$가 $x-1$로 나

누어떨어지므로 몫을 Q(x)라 하면 $f(x)=x^3+x^2+ax-3$
$=(x-1)Q(x)$가 성립되어 $f(1)=0$이 되므로 $a=1$이 됩니다.

이번에는 좀 더 발전적인 문제를 해결해 볼까요?

> **쏙쏙 문제 풀기**
>
> 다항식 x^3+ax^2-bx+5이 $x+1$과 $x-1$로 각각 나누어떨어지도록 상수 a, b의 값을 정하면?

다항식 x^3+ax^2-bx+5를 $f(x)$라고 하면 $f(x)=x^3+ax^2-bx+5$가 되고 $x+1$과 $x-1$로 각각 나누어떨어지므로 인수정리에 의해 $f(-1)=0, f(1)=0$이 성립합니다.

$f(-1)=(-1)^3+a(-1)^2-b(-1)+5$
$\qquad =a+b+4=0$ ⋯㉠

$f(1)=(1)^3+a(1)^2-b(1)+5=a-b+6=0$ ⋯㉡

㉠, ㉡을 연립하여 정리하면 $a=-5, b=1$입니다.

자, 그럼 지금까지는 인수정리를 이용하여 문제를 해결했는데 이번에는 나머지정리를 활용하여 아래와 같은 내용이 참인지 확인해 볼까요?

문제 풀기

다항식 $f(x)$가 두 일차식 $x-\alpha$와 $x-\beta$로 각각 나누어떨어지면, 다항식 $f(x)$가 두 일차식의 곱 $(x-\alpha)(x-\beta)$로 나누어떨어진다.(단, $\alpha \neq \beta$)

재홍이가 위의 내용을 나머지정리를 이용하여 항등식으로 표현해 볼까요?

"다항식 $f(x)$를 $(x-\alpha)(x-\beta)$로 나누었을 때, 몫을 $Q(x)$, 나머지를 R이라 하면 $f(x)=(x-\alpha)(x-\beta)Q(x)+R$이 됩니다."

그렇다면 여기서의 나머지는 몇 차식의 다항식으로 표현할 수 있을까요?

"나누는 차수가 이차식이므로 나머지는 일차식 이하로 표현되어 $ax+b$로 나타냅니다."

그렇습니다. 재홍이가 매우 자세하게 설명했습니다. 마찬가지로 나머지 R 대신 $ax+b$로 바꾸어 다시 항등식으로 표현하면 $f(x)=(x-\alpha)(x-\beta)Q(x)+ax+b$가 됩니다.

이제 상수 a, b를 어떻게 하면 구할 수 있을까요?

"다항식 $f(x)$가 두 일차식 $x-\alpha$와 $x-\beta$로 각각 나누어떨어진다고 했으므로 $f(\alpha)=0, f(\beta)=0$입니다.

$x=\alpha$이면 $f(\alpha)=(\alpha-\alpha)(\alpha-\beta)Q(\alpha)+a\alpha+b=0$ ⋯㉠

$x=\beta$이면 $f(\beta)=(\beta-\alpha)(\beta-\beta)Q(\beta)+a\beta+b=0$ ⋯㉡

㉠, ㉡을 연립하여 정리하면 $\alpha \neq \beta$이므로 $a=0, b=0$입니다. 이것을 나머지 R에 대입하면 $R=ax+b$에서 $R=0$입니다. 따라서 $f(x)$는 $(x-\alpha)(x-\beta)$로 나누어떨어집니다."

나연이가 정확하게 설명하였습니다.

나머지정리에서 나머지가 0인 특수한 경우를 인수정리라고 하는 것을 꼭 기억하기 바라며 이제부터 여러분이 좋아할 퀴즈에 도전해 볼까요?

선생님이 마법사가 되어 여러분이 생각하고 있는 숫자가 특정한 수로 나누어떨어진다는 것을 알려 줄 것입니다.

> 첫째, 여러분이 가장 좋아하는 세 자리 자연수를 생각하세요.
> 　　예) 123
> 둘째, 여러분이 선택한 세 자리 숫자와 똑같은 세 자리 숫자를 연속하여 써 넣어 여섯 자리 자연수로 만드세요. 예) 123123

이제 선생님이 마법사가 되겠습니다. 수리수리 마수리 얍!

수학 박사 재호가 만든 여섯 자리의 자연수는 반드시 7로 나누어떨어집니다. 재호야, 어때? 내 말이 맞지?

"어? 선생님 그걸 어떻게 아셨어요?"

선숙이가 만든 여섯 자리의 자연수는 반드시 11로 나누어떨어집니다.

"어라? 내가 만든 여섯 자리 숫자가 11로 나누어떨어지네?"

시현이가 만든 여섯 자리의 자연수는 반드시 13으로 나누어떨어집니다.

"선생님! 아, 아니 마법사님!"

하하하! 아무도 비밀을 알아내지 못했군요!

이제 마법에서 벗어나 볼까요? 여러분도 모두 마법사가 될 수 있습니다. 예를 들어 세 자리 자연수 123이라는 숫자를 선택하고 이 숫자를 연속해서 여섯 자리 자연수를 만들면 123123이 됩니다. 여섯 자리 자연수 123123을 처음 수 123으로 나누면 몫이 1001이 되고 나머지는 0이 됩니다. 또한 1001을 소인수분해하면 $1001 = 7 \times 11 \times 13$이 되어 어떤 자연수라도 7 또는 11 또는 13으로 나누어떨어집니다. 이것을 정리하면 다음과 같습니다.

$$123123 = 123 \times 1001$$
$$= 123(7 \times 11 \times 13)$$

이와 같이 인수정리를 이용하면 누구나 마법사가 될 수 있답니다. 여러분도 마법사가 되어 보세요!

수업정리

❶ 나머지정리에서 나머지가 0인 특수한 경우를 인수정리라고 합니다.

❷ x에 대한 다항식 $f(x)$가 일차식 $x-a$로 나누어떨어지기 위한 필요충분조건은 $f(a)=0$입니다.

조립제법

조립제법을 이해하고 활용할 수 있습니다.

수업 목표

조립제법을 이해하고 이를 다항식의 계산에 활용할 수 있습니다.

미리 알면 좋아요

1. **조립제법** 고차방정식을 풀 때 인수분해하는 방법 중의 하나로 계수를 차수 크기 차례로 맞춰 그 계수의 합이 0이 되는 제수를 구하고 이들을 인수로 합니다. 예를 들어, 삼차다항식 x^3+x^2+x-3을 $x-1$로 나누는 경우에 대하여 알아보면 아래와 같습니다.

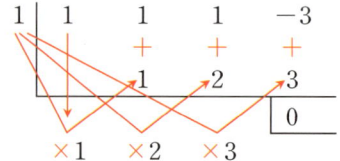

따라서 $x^3+x^2+x-3=(x-1)(x^2+2x+3)$이 성립합니다.

2. **내림차순** 다항식에서 어떤 변수에 대해 높은 차수부터 낮은 차수로 나열하는 것을 그 문자에 대하여 내림차순으로 정리한다고 합니다. 문자로 이루어진 다항식을 불규칙하게 나열하는 것보다 규칙적으로 나열하면 문자를 계산하기에 편리합니다. 예를 들어, 불규칙하게 나열된 다항식 $2x-x^2+x^3+1$을 내림차순으로 정리하면 x^3-x^2+2x+1이 됩니다.

아벨의
다섯 번째 수업

오늘은 조립제법에 대하여 알아보겠습니다.

조립제법

지금까지 배운 나머지정리를 통하여 알 수 있었던 내용은 x에 대한 다항식 $f(x)$를 일차식 $x-a$로 나눌 때, 나머지를 구할 수 있다는 것이었습니다.

그런데 나머지만 알 수 있었지 몫은 알 수가 없었습니다. 하지만 실제 나눗셈을 하지 않고 몫과 나머지를 쉽게 구할 수 있는 방법이 있습니다. 바로 조립제법이라는 방법입니다.

이해하기

조립제법

고차방정식을 풀 때 인수분해하는 방법의 하나로 차수의 크기 차례로 계수를 비교하여 그 계수의 합이 0이 되는 제수를 구하고 이들을 인수로 하는 방법이다.

　조립제법은 다항식을 일차식으로 나눌 때, 다항식의 계수만을 이용하여 몫과 나머지를 구하는 방법입니다.

　예를 들어 볼까요?

　x에 대한 다항식 $f(x)$가 $f(x)=ax^3+bx^2+cx+d$ $(a\neq 0)$일 때, $f(x)$를 일차식 $x-\alpha$로 나누었을 때 몫과 나머지가 어떻게 되는지 수학 박사 재호가 대답해 볼까요?

　"일차식으로 나누었으니 몫은 이차식으로 되고 나머지는 상수로 표현됩니다."

　그렇습니다. 몫은 이차식으로 되어 px^2+qx+r로 표현되고 나머지는 상수가 되므로 R로 표현됩니다.

　그렇다면 이것을 항등식으로 표현하면 어떻게 되는지 수학

아벨의 다섯 번째 수업

박사께서 대답해 볼까요?

"항등식으로 표현하면 $ax^3+bx^2+cx+d=(x-\alpha)(px^2+qx+r)+R$입니다."

그렇습니다. 이제 오른쪽 다항식을 정리하여 항등식의 성질을 이용해 볼까요?

$$ax^3+bx^2+cx+d$$
$$=(x-\alpha)(px^2+qx+r)+R$$
$$=px^3+(-p\alpha+q)x^2+(-q\alpha+r)x+(-r\alpha+R)$$

미정계수법 중에서 계수비교법을 이용해 나타내면 아래와 같습니다.

$$a=p,\ b=-p\alpha+q,\ c=-q\alpha+r,\ d=-r\alpha+R$$

따라서 몫 px^2+qx+r의 계수인 p, q, r과 나머지 R을 구할 수 있습니다. 즉, $p=a, q=b+p\alpha, r=c+q\alpha, R=d+r\alpha$입니다. 이것을 조립제법으로 나타내면 다음과 같습니다.

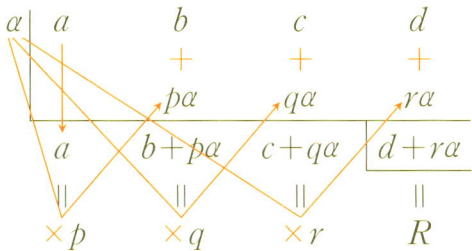

위의 조립제법은 간단한 예를 들어 쉽게 이해할 수 있습니다. 다항식 x^3-x^2-2x+3을 $x-2$로 나눈 몫과 나머지를 조립제법을 이용하여 구해 볼까요? 앞에서 배운 방법을 단계별로 풀어 보겠습니다.

[1단계] 다항식 x^3-x^2-2x+3의 계수를 내림차순으로 기록합니다.

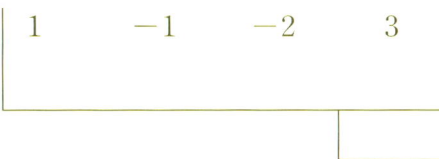

[2단계] 다항식 x^3-x^2-2x+3을 $x-2$로 나누었기 때문에 $x-2=0$을 만족하는 $x=2$를 기록합니다.

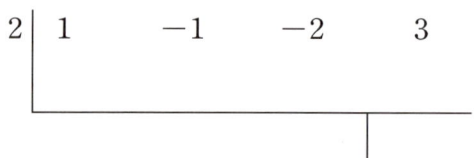

[3단계] 다항식 x^3-x^2-2x+3의 최고차항의 계수 1을 그대로 내려 기록합니다.

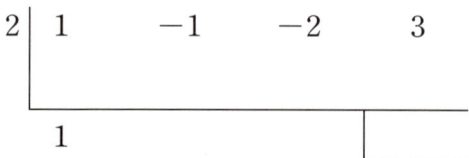

[4단계] 2와 최고차항의 계수 1을 곱한 후 두 번째 계수 아래에 기록하여 더합니다.

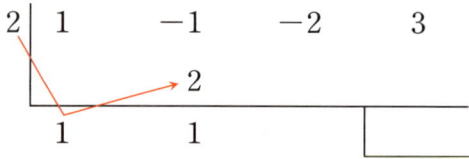

[5단계] 앞의 [4단계]의 합 1과 2를 곱한 후 세 번째 계수 아래에 기록한 후 더합니다.

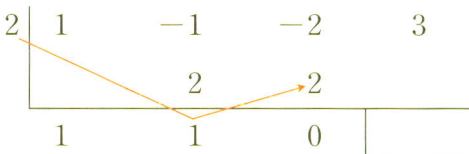

[6단계] 앞의 [5단계]의 합 0과 2를 곱한 후 네 번째 계수 상수항 아래에 기록한 후 더합니다.

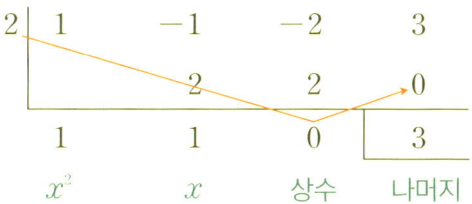

이제 [6단계]까지 풀어 본 결과를 바탕으로 알아봅시다.

다항식 x^3-x^2-2x+3을 일차식 $x-2$로 나누었으니 몫은 몇 차식인지 용선이가 대답해 볼까요?

"너무 쉬운데요? 당연히 이차다항식이겠죠?"

그렇습니다. 몫은 이차다항식입니다. 따라서 맨 오른쪽 수 3은 나머지이고 1, 1, 0은 차례대로 이차다항식 x^2+x의 계수입니다. 그러므로 몫은 x^2+x이고, 나머지는 3입니다. 그러므로 위의 내용을 항등식으로 표현하면 아래와 같겠죠?

$$x^3 - x^2 - 2x + 3 = (x-2)(x^2 + x) + 3$$

이와 같이 실제 나눗셈을 하지 않고 몫과 나머지를 쉽게 구할 수 있는 방법이 조립제법입니다.

다항식 x^3+2x-3을 $x+1$로 나눈 몫과 나머지를 조립제법을 이용하여 종택이가 풀어 볼까요?

"아벨 선생님, 질문이 있는데요. 계수가 0인 경우에는 어떻게 해야 하나요?"

내림차순으로 정리했으므로 계수가 0이어도 기록해야 합니다. 이 부분은 매우 중요합니다. 조립제법을 이용할 때 잊고 넘어갈 수 있는 부분이라 매우 중요합니다. 종택이가 중요한 내용을 잘 질문했네요.

"앞에서 배운 조립제법을 사용하면 아래와 같이 해결할 수 있습니다. 아벨 선생님이 강조하신 부분인 계수가 0인 경우에도 기록해야 하므로 아래와 같이 $1, 0, 2, -3$을 기록하고 $x+1$로 나누었으므로 $x+1=0$을 만족하는 -1을 이용하여 문제를 풀면 됩니다."

$$\begin{array}{r|rrrr} -1 & 1 & 0 & 2 & -3 \\ & & -1 & 1 & -3 \\ \hline & 1 & -1 & 3 & -6 \end{array}$$

"그러므로 위의 내용을 바탕으로 나머지는 -6이고, 계수가

1, −1, 3이므로 몫은 x^2-x+3이라는 것을 알 수 있습니다."

잘 해결했습니다. 특히 계수가 0인 경우를 잊지 않았군요! 이것을 인표가 항등식으로 확인해 볼까요?

"몫과 나머지가 각각 x^2-x+3, −6이므로 항등식으로 나타내면 $x^3+2x-3=(x+1)(x^2-x+3)-6$입니다."

여기서 잠깐! 다항식을 일차식으로 나눌 때, 나머지만을 구하려면 나머지정리를 사용하고, 몫과 나머지를 모두 구하고자 할 때에는 조립제법을 사용하는 것을 잊지 마세요! 이러한 조립제법은 어려운 다항식의 인수분해에서 유용하게 사용됨을 나중에 알게 될 것입니다. 자, 수학 박사 재호가 조립제법을 이용한 암호를 만들었다고 합니다. 다 같이 보도록 합시다.

여러분이 나의 휴대폰에 저장되어 있는 게임을 하기 위해서는 휴대폰 비밀번호를 알아야 합니다. 휴대폰의 비밀번호는 다음과 같습니다.

다항식 x^3+x+1을 $x-1$로 나눈 몫이 ax^2+bx+c, 나머지가 R일 때, 휴대폰의 비밀번호는 abcR이다.

재호의 휴대폰에 잠겨 있는 비밀번호는 무엇일까요? 조립제법을 이용하여 몫과 나머지를 구하면 아래와 같습니다.

```
1 | 1    0    1    1
  |      1    1    2
  ―――――――――――――――――
    1    1    2  | 3
```

비밀번호는 바로 1123입니다. 이와 같이 조립제법을 이용하여 여러 종류의 암호를 만들 수 있겠죠? 여러분도 오늘 새로운 암호를 만들어 보세요!

수업정리

❶ 조립제법은 다항식을 일차식으로 나눌 때, 다항식의 계수만을 이용하여 몫과 나머지를 구하는 방법입니다.

❷ 고차식을 인수분해할 때, 조립제법이 많이 사용됩니다.

인수정리를
이용한 인수분해

> 인수정리와 조립제법을
> 함께 이해하고 활용할 수 있습니다.

수업 목표

1. 인수정리를 이용한 인수분해에 대해 알 수 있습니다.
2. 인수정리와 조립제법을 이용하여 복잡한 인수분해를 할 수 있습니다.

미리 알면 좋아요

복이차식 x에 대한 사차식에서 $x^2=\mathrm{X}$로 치환하면 X의 이차식이 됩니다. 예를 들어, x에 대한 사차식 x^4-x^2-2에서 $x^2=\mathrm{X}$로 치환하면 $\mathrm{X}^2-\mathrm{X}-2$로 X의 이차식이 됩니다. 이와 같은 식을 복이차식이라고 합니다.

아벨의 여섯 번째 수업

자, 오늘은 인수정리를 이용한 인수분해법에 대하여 알아보겠습니다.

인수정리를 이용한 인수분해

일반적인 이차다항식이거나 또는 복이차식으로 인수분해 가능한 다항식에서는 간단히 인수분해하는 법칙을 이용하여 인수분해하였습니다. 그러나《아벨이 들려주는 인수분해 1 이야기》에서 다루지 않았던 삼차다항식 또는 사차다항식을 인수정리를 이용해 인수분해해 보겠습니다.

윤주가 인수정리에 대하여 간단히 설명해 볼까요?

"나머지정리에서 나머지가 0인 경우에 한해 인수정리라고 합니다."

그렇습니다. 앞에서 배운 내용을 복습해 보면 인수정리는 다음과 같은 성질을 갖고 있다는 것을 알 수 있습니다.

쏙쏙 이해하기

x에 대한 다항식 $f(x)$가 일차식 $x-a$로 나누어떨어지기 위한 필요충분조건은 $f(a)=0$이다.

위와 같은 인수정리가 인수분해에 어떻게 사용되는지 알아볼까요?

다항식의 인수분해는 특별한 전제 조건이 없으면 유리수 범위에서 합니다. 하지만 실수 범위나 복소수 범위까지 하게 되는 경우도 있습니다. 그리고 인수분해한다는 것은 주어진 다항식을 유한개의 다항식기약다항식의 곱으로 나타내는 것입니다.

일반적으로 이차식 이하로 된 다항식의 인수분해는《아벨이 들려주는 인수분해 1 이야기》에서 배웠던 다음과 같은 인수분해 공식을 이용하면 됩니다.

(1) $ma+mb=m(a+b), ma-mb=m(a-b)$
(2) $a^2+2ab+b^2=(a+b)^2, a^2-2ab+b^2=(a-b)^2$
(3) $a^2-b^2=(a+b)(a-b)$
(4) $x^2+(a+b)x+ab=(x+a)(x+b)$
(5) $acx^2+(ad+bc)x+bd=(ax+b)(cx+d)$
(6) $a^3+3a^2b+3ab^2+b^3=(a+b)^3$,
    $a^3-3a^2b+3ab^2-b^3=(a-b)^3$
(7) $a^3+b^3=(a+b)(a^2-ab+b^2)$,
    $a^3-b^3=(a-b)(a^2+ab+b^2)$
(8) $a^2+b^2+c^2+2ab+2bc+2ca=(a+b+c)^2$

위의 인수분해 공식을 활용하여 인수분해할 수 없는 경우에는 인수정리를 이용하여 인수분해합니다. 특히, 삼차다항식이나 사차다항식을 인수분해할 때에는 인수정리를 이용하여 구할 수 있습니다.

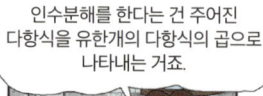

서진이가 삼차다항식 $x^3+3x^2-2x-16$을 한번 인수분해해 볼까요?

"……."

너무 어렵지요? 그렇다면 인수정리를 생각해 보세요! 앞의 식을 해결하기 위해서는 삼차다항식 $x^3+3x^2-2x-16$이 어떤 일차다항식으로 나누어떨어지는지를 살펴야 합니다. 그러기 위해서는 삼차다항식을 $f(x)$라 할 때, $f(x)=x^3+3x^2-2x-16$에서 $x-a$로 나누어떨어지는 a의 값을 찾아내야 하는데 서진이가 찾아볼까요?

"$f(a)=0$을 만족하는 a의 값은 2가 되는 것 같은데요."

그렇습니다. 잘 찾았습니다. 서진이가 대답했듯이 삼차다항식 $x^3+3x^2-2x-16$은 $x-2$로 나누어떨어집니다. 즉, $f(2)=0$을 만족하지요!

그렇다면 이제 인수정리를 이용하여 항등식으로 한번 표현해 볼까요?

"$x^3+3x^2-2x-16=(x-2)(x^2+5x+8)$입니다."

잘 해결했습니다. 서진이가 삼차다항식을 인수정리를 이용하여 항등식으로 표현한 것이 바로 인수분해한 것과 같습니다. 그런데 여기서 잠깐! 서진이가 찾아낸 $f(a)=0$을 만족하는 a의 값은 다음과 같은 방법으로 찾아내면 쉽게 찾아낼 수 있습니다.

> **쏙쏙 이해하기**
>
> 인수정리에서 $f(a)=0$을 만족하는 a는
> $\pm\dfrac{\text{상수항의 약수}}{\text{최고차항의 계수의 약수}}$ 중 하나이다. 특히 최고차항의 계수가 1인 경우에는 $f(a)=0$을 만족하는 a는 상수항의 약수 중 하나이다.

위의 내용을 이용하여 적용시켜 볼까요?

삼차다항식 x^3+2x^2-3에서 $f(a)=0$을 만족하는 a의 값은 -3의 약수 $\pm 1, \pm 3$ 중 하나가 되겠죠?

실제로 검토해 볼까요?

삼차다항식 x^3+2x^2-3을 $f(x)$라 하면 $f(x)=x^3+2x^2-3$이 됩니다. 따라서 $f(a)=0$을 만족하는 a의 값은 1이 성립되는군요! 그러므로 삼차다항식 x^3+2x^2-3을 인수분해하면 어떻게 되는지 나연이가 말해 볼까요?

"$x^3+2x^2-3=(x-1)(x^2+3x+3)$이 됩니다."

그렇습니다.

이제 인수정리를 이용하여 인수분해할 때에는 위의 내용을 활용하면 누구나 쉽게 인수분해할 수 있겠죠?

조립제법을 이용한 인수분해

삼차다항식이나 사차다항식을 인수분해할 때 인수정리를 활용하여 인수분해하는데, 앞에서 배운 조립제법을 이용하면 편리합니다. 조립제법에서 나머지가 0인 경우로 조립제법을 하면 인수분해를 쉽게 해결할 수 있습니다.

재진이가 다항식 $x^3+x^2-10x+8$을 조립제법을 이용하여 인수분해해 볼까요?

"인수정리에서 $f(a)=0$을 만족하는 a의 값은 최고차항이 1이므로 상수항 8의 약수 중 하나가 a입니다. 여기서는 1이 만족하므로 각 항의 계수를 이용하면 다음과 같습니다.

```
1 | 1    1    -10     8
  |      1     2     -8
    1    2    -8  |   0
```

즉, 다항식 $x^3+x^2-10x+8$은 $x^3+x^2-10x+8=(x-1)(x^2+2x-8)$로 인수분해하면 됩니다."

잘 해결했습니다. 이제 더 이상 인수분해되지는 않겠죠?

"선생님 또 인수분해가 되는데요?"

그렇습니까? 그렇다면 수학 박사 재호가 해 볼까요?

$$x^3+x^2-10x+8=(x-1)(x^2+2x-8)$$
$$x^2+2x-8=(x-2)(x+4)$$
$$x^3+x^2-10x+8=(x-1)(x^2+2x-8)$$
$$=(x-1)(x-2)(x+4)$$

재호가 해결한 식

수학 박사 재호가 잘 대답했습니다.

한 가지 더 설명하자면 위에서 한 번 해결한 조립제법에서 또 인수분해 가능하면 다시 한번 조립제법을 이용하면 됩니다. 즉, 다항식 x^2+2x-8에서 $f(a)=0$을 만족하는 a의 값은 2이므로 아래와 같이 조립제법을 이용하면 됩니다.

```
1 | 1    1    -10    8
  |      1     2    -8
2 | 1    2    -8     0
  |      2     8
    1    4     0
```

따라서 다항식 $x^3+x^2-10x+8$은 다음과 같이 인수분해됩니다.

$$x^3+x^2-10x+8=(x-1)(x^2+2x-8)$$
$$=(x-1)(x-2)(x+4)$$

조립제법은 나머지정리뿐만 아니라 인수분해에도 효율적으로 사용됩니다. 사차다항식 x^4-2x^2+3x-2를 인수분해하면 어떻게 되는지 선숙이가 설명해 볼까요?

"$f(a)=0$을 만족하는 a의 값은 -2의 약수 중에서 1인 경우에 만족하므로 $x^4-2x^2+3x-2=(x-1)(x^3+x^2-x+2)$가 됩니다. 그리고 다항식 x^3+x^2-x+2에서도 마찬가지로 $f(a)=0$을 만족하는 a의 값은 2의 약수 중에서 -2인 경우에 성립하므로 다음과 같이 인수분해됩니다."

$$x^4-2x^2+3x-2=(x-1)(x^3+x^2-x+2)$$
$$=(x-1)(x+2)(x^2-x+1)$$

"위의 내용을 조립제법으로 표현하면 다음과 같습니다."

```
 1 | 1    0    -2    3    -2
   |      1     1   -1     2
-2 | 1    1    -1    2  | 0
   |     -2     2   -2
     1   -1     1  | 0
```

선숙이가 잘 설명했습니다.

고차다항식이라 함은 일반적으로 삼차다항식이나 또는 사차다항식을 말합니다. 이와 같은 고차다항식의 인수분해는 조립제법이 매우 유용함을 알았습니다.

다항식의 계수의 약수

이번에는 좀 더 깊이 들어가 다항식의 계수의 약수에 대하여 알아보겠습니다.

정수를 계수로 갖는 다항식 $f(x) = a_0 x^n + a_1 x^{n-1} + a_2 x^{n-2} + \cdots\cdots + a_{n-1} x + a_n x^0$(단, $n \geq 1$, $a_0, a_1, a_2, a_3, \cdots\cdots, a_n$: 정수, $a_0 \neq 0, a_n \neq 0$)이 일차식 $ax - b$(단, a, b는 서로소)를 인수로 갖는다면 b는 a_n의 약수이고 a는 a_0의 약수입니다. 음의 약수까지 포함

만약 $ax - b$가 $f(x)$의 인수라고 하면,
$f\left(\dfrac{b}{a}\right) = a_0 \left(\dfrac{b}{a}\right)^n + a_1 \left(\dfrac{b}{a}\right)^{n-1} + a_2 \left(\dfrac{b}{a}\right)^{n-2} + \cdots\cdots + a_{n-1} \left(\dfrac{b}{a}\right) + a_n \left(\dfrac{b}{a}\right)^0 = 0$이므로 $a_0 b^n + a_1 b^{n-1} a + a_2 b^{n-2} a^2 + \cdots\cdots + a_{n-1} b a^{n-1} + a_n b^0 a^n = 0$ ⋯ ㉠

따라서 $a_n a^n = -b(a_0 b^{n-1} + a_1 b^{n-2} a + a_2 b^{n-3} a^2 + \cdots\cdots + a_{n-1} a^{n-1})$이 됩니다. 이때, a와 b는 서로소이므로 b는 a_n의 약수입니

다. 또한 ㉠에서 $a_0 b^n = -a(a_1 b^{n-1} + a_2 b^{n-2} a + a_3 b^{n-3} a^2 + \cdots\cdots + a_n a^{n-1})$이므로 a는 a_0의 약수가 됩니다.

인수분해는 정수의 소인수분해와 비슷합니다. 정수의 소인수분해는 정수를 소수의 곱으로 분해하는 것입니다. 그러므로 다항식의 인수분해와 본질상 같은 것이나 다루는 대상이 다를 뿐이겠죠? 그런데 소인수분해가 실생활에 적용된다는 사실을 알고 있나요?

은행을 거래하면서 사용하는 암호나 컴퓨터상의 전자 거래를 사용하는 암호를 사용할 때 소인수분해가 사용됩니다. 즉, 암호를 보호해 주는 장치랍니다.

전자 상거래의 예   www.jamomall.com

오늘날 전자거래에서 가장 많이 사용하는 암호는 RSA 공개 키 암호 체계입니다. 1978년에 미국 MIT 대학의 리베스트Rivest, 샤미르Shamir, 애들먼Adleman 세 사람이 소인수분해의 원리를 이용한 암호체계를 소개한 것이 바로 RSA 암호입니다.

16년 후인 1994년에 미국의 피터 쇼어Peter Shor는 양자 소인수분해 계산법을 제시하기도 했답니다. 이렇게 소인수분해가 매우 중요하게 사용된다는 것을 알아야겠죠?

수업정리

❶ 인수정리를 이용한 인수분해는 'x에 대한 다항식 $f(x)$가 일차식 $x-a$로 나누어떨어지기 위한 필요충분조건은 $f(a)=0$이다.'를 이용합니다.

❷ 인수정리에서 $f(a)=0$을 만족하는 a로서 $\pm\dfrac{\text{상수항의 약수}}{\text{최고차항의 계수의 약수}}$ 중 하나가 될 수 있습니다. 특히 최고차항의 계수가 1인 경우에는 $f(a)=0$을 만족하는 a는 상수항의 약수 중 하나입니다.

❸ 고차식의 인수분해는 조립제법을 이용합니다.

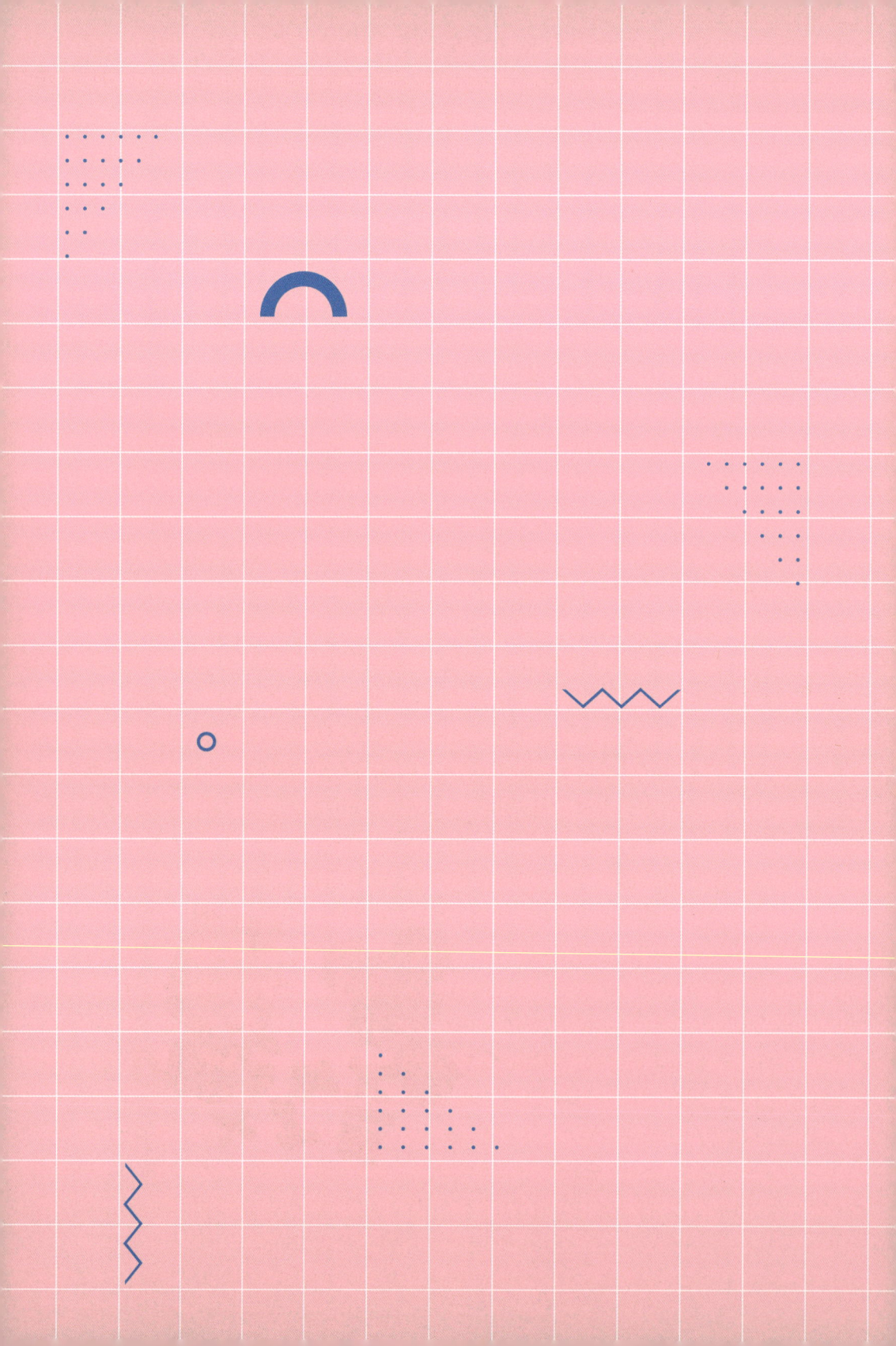

7교시

다항식의 약수와 배수

유클리드의 호제법, 하세 도형이 무엇인지
알 수 있습니다.

수업 목표

1. 다항식끼리의 약수와 배수, 최대공약수와 최소공배수를 구할 수 있습니다.
2. 최대공약수와 최소공배수의 관계를 이해하고 활용할 수 있습니다.

미리 알면 좋아요

1. **최대공약수와 최소공배수** 최대공약수는 두 개 이상의 정수의 공약수 가운데 가장 큰 수이며, 식에서는 공약수 가운데 차수가 가장 높은 것을 말하고, 최소공배수는 두 개 이상의 정수의 공배수 가운데 0을 제외한 가장 작은 수를 말합니다. 식에서는 공배수 가운데 차수가 가장 낮은 것을 말합니다. 예를 들어, 두 다항식 x^2+x-6, x^3-8의 최대공약수와 최소공배수를 구하기 위해 먼저 두 다항식을 인수분해하면 $x^2+x-6=(x-2)(x+3)$, $x^3-8=(x-2)(x^2+2x+4)$이므로 최대공약수는 $x-2$이고 최소공배수는 $(x-2)(x+3)(x^2+2x+4)$입니다.

2. **십간십이지** 십간은 갑甲·을乙·병丙·정丁·무戊·기己·경庚·신辛·임壬·계癸로 나타내며, 음양陰陽과 오행五行을 부속시킵니다. 십이지는 자子·축丑·인寅·묘卯·진辰·사巳·오午·미未·신申·유酉·술戌·해亥를 말합니다.

3. **유클리드의 호제법** 두 정수 또는 두 정식인 a와 b가 있을 때, a를 b로 나눈 나머지 c로 b를 나누고 그 나머지를 또 c로 나누어 완전히 나누어떨어질 때까지 계속하여 a와 b의 최대공약수를 구하는 방법을 말합니다(단, a, b가 자연수일 때 $a>b$, 다항식일 때는 a의 차수가 b의 차수 이상이어야 함). 예를 들어, 두 다항식 x^3+x^2-3x+1, x^2+2x-3의 최대공약수 $x-1$을 유클리드의 호제법으로 구하는 과정입니다.

$$\begin{array}{r|rr|r} x & x^3+\ x^2-3x+1 & x^2+2x-3 & -1 \\ & x^3+2x^2-3x & x^2\quad\ -1 & \\ -\dfrac{1}{2}x & \overline{\ -x^2\quad\ +1} & \overline{\ 2x-2} & -2 \\ & -x^2+\ x & 2x-2 & \\ & \overline{\ -x+1} & \overline{\quad 0} & \end{array}$$

4. 하세 도형 약수와 배수 사이의 관계를 쉽게 알아볼 수 있게 해 주는 그림을 말합니다. 예를 들어, 1부터 6까지의 정수 사이의 약수와 배수 관계를 나타낸 것입니다.

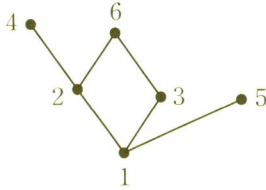

정수 6의 아래쪽으로 선을 따라 가면 약수에 해당하는 2와 3이 되고, 2, 3의 아래쪽으로 가면 1이 나와 6의 약수인 1, 2, 3이 됩니다. 이번에는 2를 시작으로 위쪽으로 선을 따라가면 4와 6이 됩니다. 4와 6은 2의 배수가 됩니다. 즉, 하세 도형에서 위쪽은 그 수의 배수이고 아래쪽은 약수를 나타냅니다.

아벨의 일곱 번째 수업

다항식의 약수와 배수

 자연수 10을 소인수분해하면 10=2×5입니다. 자연수의 약수와 배수에서 배웠듯이 10은 2의 배수도 되고, 5의 배수도 됩니다. 또한 2와 5는 10의 약수가 되겠죠?

 이제 약수와 배수를 이해했다면 최대공약수와 최소공배수가 무엇인지 규태가 대답해 봅시다.

 "최대공약수라는 것은 두 개 이상의 정수 모두의 공통인 약수 중에서 가장 큰 수를 말합니다. 그리고 두 개 이상의 정수 모두의 공통인 배수 중에서 가장 작은 수를 최소공배수라고 합니다."

여러분에게 가르쳐 준 보람이 있군요!

이렇게 정수에서 배운 약수, 배수, 최대공약수, 최소공배수를 다항식에서는 어떻게 표현할까요? 궁금하죠?

수학이라는 과목은 오르막 계단과도 같아서 단계별로 배우는 과목이라고 말합니다. 한 단계 한 단계 배우는 것이 다음 단계에서도 연관시켜 배우게 되는 것입니다. 결론적으로 말하면 정수에서 배운 약수, 배수, 최대공약수, 최소공배수가 다항식에서도 같은 형태로 적용된다는 것입니다.

그럼 정수에서 배운 내용을 다항식에 적용시켜 볼까요? 다항식 x^2-x-12를 인수분해하면 $x^2-x-12=(x+3)(x-4)$가 됩니다. 위의 식으로부터 정수에서와 마찬가지로 약수와 배수를 알아봅시다.

$x+3$과 $x-4$는 어떤 다항식의 약수가 되는지 태수가 대답해 볼까요?

"정수와 비교하면 x^2-x-12의 약수입니다."

잘 대답했어요. 그렇다면 다항식 x^2-x-12는 $x+3$과 $x-4$의 배수가 되겠네요?

정수에서의 약수와 배수처럼 다항식에서도 같은 형태로 사용됩니다. 이 내용을 정리하면 다항식 A가 다항식 B(B≠0)로 나누어떨어지면 A＝B×C(C는 다항식)가 성립된다는 것을 알 수 있습니다. 이때, B를 A의 약수, A를 B의 배수라고 합니다. 그리고 A는 C로도 나누어떨어지므로 C는 A의 약수이고, A는 C의 배수이기도 합니다. 이것을 간단히 나타내면 아래와 같습니다.

$$\underset{A의\ 약수}{\underset{\big|}{A}=\overset{\overset{\big|}{B와\ C의\ 배수}}{B\times C}}$$

최대공약수와 최소공배수

두 정수 18과 30을 각각 소인수분해하여 최대공약수와 최소공배수가 어떻게 되는지 재홍이가 대답해 볼까요?

"두 정수를 소인수분해하면 $18=2\times 3^2$, $30=2\times 3\times 5$가 됩니다. 또한 공약수 중에서 가장 큰 최대공약수는 $2\times 3=6$이고, 공배수 중에서 가장 작은 최소공배수는 $2\times 3^2\times 5=90$입니다."

잘 대답했습니다. 정수에서의 최대공약수와 최소공배수를 이해했다면 다항식에서의 최대공약수와 최소공배수도 이해하기가 편할 것입니다. 왜냐하면 같은 형태이기 때문입니다.

두 다항식 $(x-1)(x-2)$, $(x-1)(x+2)$에 대하여 알아볼까요?

재우가 두 다항식의 최대공약수와 최소공배수를 두 정수에서의 경우를 생각하여 대답해 보세요.

"최대공약수는 $x-1$이고 최소공배수는 $(x-1)(x-2)(x+2)$입니다."

그렇죠. 다항식에서의 최대공약수와 최소공배수도 정수에서와 마찬가지로 생각하면 됩니다. 이번에는 두 다항식 x^2+x-6, x^3-8의 최대공약수와 최소공배수를 수학 박사 재호가 풀어 봅시다.

"먼저 두 다항식을 인수분해하면 $x^2+x-6=(x-2)(x+3)$, $x^3-8=(x-2)(x^2+2x+4)$이므로 최대공약수는 $x-2$이고 최소공배수는 $(x-2)(x+3)(x^2+2x+4)$입니다."

역시 수학 박사답게 잘 해결하였군요! 재호가 해결한 것처럼 인수분해되지 않은 다항식은 먼저 인수분해를 한 다음 최대공약수와 최소공배수를 구하면 쉽게 구할 수 있습니다.

이번에는 최대공약수와 최소공배수를 활용한 문제를 다뤄

보도록 할게요.

두 다항식 x^2+ax+1, x^2-4x+b의 최대공약수가 $x-1$일 때, 최소공배수를 구해 봅시다.

최대공약수가 $x-1$이므로 두 다항식 x^2+ax+1, x^2-4x+b는 각각 $x-1$로 나누어떨어지겠죠?

따라서 $1+a+1=0, 1-4+b=0$이 성립되어 $a=-2, b=3$이 됩니다. 이것을 대입하면 x^2-2x+1, x^2-4x+3이 되고 인수분해하면 각각 $x^2-2x+1=(x-1)^2$, $x^2-4x+3=(x-1)(x-3)$이 되어 최소공배수는 $(x-1)^2(x-3)$이 됩니다.

이와 같이 최대공약수와 최소공배수를 활용할 수 있고 다음과 같은 성질을 가집니다.

> **쏙쏙 이해하기**
>
> 최고차항의 계수가 1인 두 다항식 A, B의 최고차항의 계수가 1인 최대공약수를 G, 최소공배수를 L이라고 하면,
> (1) $A=Ga, B=Gb$ (a, b는 서로소)
> (2) $L=Gab$
> (3) $AB=GL$

이번에는 위의 성질최대공약수와 최소공배수을 이용하여 서로 다른 두 다항식을 만들어 볼까요?

이차항의 계수가 1인 두 이차식의 최대공약수가 $x-1$이고 최소공배수가 x^3-2x^2-5x+6일 때, 두 이차식을 구하는 문제를 누가 도전해 볼까요?

예! 재진이가 희망했군요!

"먼저 두 다항식을 A, B라고 하면 최대공약수가 $x-1$이므로 A$=(x-1)a$, B$=(x-1)b$ (단, a, b는 서로소인 일차식)로 나타낼 수 있습니다. 또한 최소공배수 L은 L$=$Gab이기 때문에 $x^3-2x^2-5x+6=(x-1)ab$의 항등식이 성립합니다. 따라서 $x^3-2x^2-5x+6=(x-1)(x-3)(x+2)$가 되어 두 다항식 A, B는 각각 A$=(x-1)(x-3)$, B$=(x-1)(x+2)$ 또는 A$=(x-1)(x+2)$, B$=(x-1)(x-3)$이 됩니다."

정확하게 풀고 정확하게 설명하였습니다. 재진이가 설명한 것과 같이 최대공약수와 최소공배수를 이용하여 모르고 있던 두 다항식도 구할 수 있습니다.

예를 들어 $3ab=a(3b)=2a\left(\dfrac{3b}{2}\right)=3a(b)=4a\left(\dfrac{3b}{4}\right)=$ ……, $6ac=a(6c)=2a(3c)=3a(2c)=4a\left(\dfrac{3c}{2}\right)=$……일 때,

두 다항식 $3ab$, $6ac$의 공약수는 a, $2a$, $3a$, $4a$, ······이므로 최대공약수를 $6a$라고 말하기 어렵기 때문에 다항식의 최대공약수와 최소공배수에서 최대, 최소라는 용어는 차수에 대하여 말하는 것입니다. 최소공배수가 활용되는 것 중의 하나가 우리 생활에서 접하게 되는 십간십이지입니다. 바로 새로운 해를 맞이할 때, 다음과 같이 말합니다.

1	갑자	11	갑술	21	갑신	31	갑오	41	갑진	51	갑인
2	을축	12	을해	22	을유	32	을미	42	을사	52	을묘
3	병인	13	병자	23	병술	33	병신	43	병오	53	병진
4	정묘	14	정축	24	정해	34	정유	44	정미	54	정사
5	무진	15	무인	25	무자	35	무술	45	무신	55	무오
6	기사	16	기묘	26	기축	36	기해	46	기유	56	기미
7	경오	17	경진	27	경인	37	경자	47	경술	57	경신
8	신미	18	신사	28	신묘	38	신축	48	신해	58	신유
9	임신	19	임오	29	임진	39	임인	49	임자	59	임술
10	계유	20	계미	30	계사	40	계묘	50	계축	60	계해

십간이란 '갑, 을, 병, 정, 무, 기, 경, 신, 임, 계'의 열 가지를 뜻합니다. 그리고 십이지란 '자쥐, 축소, 인호랑이, 묘토끼, 진용, 사뱀,

오말, 미양, 신원숭이, 유닭, 술개, 해돼지'의 열두 가지로 동물을 뜻합니다. 십간의 열 가지와 십이지의 열두 가지를 각각 차례대로 결합하면 앞의 육십갑자가 됩니다. 십간의 10과 십이지의 12의 공통배수를 알아보면 다음과 같습니다.

10, 20, 30, 40, 50, 60, 70, ……
12, 24, 36, 48, 60, 72, 84, ……

공통배수는 60의 배수인 60, 120, 180, ……입니다.
60의 배수 중 가장 작은 최소공배수 60을 우리는 회갑 또는 환갑이라고 부르게 된 것입니다. 여러분과 부모님의 태어난 해를 알아보세요!

유클리드 호제법

채빈이가 자연수 850을 210으로 나눌 때, 몫과 나머지를 항등식으로 나타내 볼까요?

"항등식으로 나타내면 $850 = 210 \times 4 + 10$이 됩니다."

잘 대답하였습니다. 여기서 850과 210의 최대공약수는 10입니다. 그렇다면 210과 나머지 10의 최대공약수는 얼마일까요? 역시 10입니다. 이렇게 850과 210의 최대공약수와 210과 10의 최대공약수는 같습니다.

정수에서의 위와 같은 결과는 다항식에도 적용이 되는데 이 방법을 <mark>유클리드의 호제법</mark>이라고 합니다. 다항식 A를 다항식 B로 나눈 몫을 Q라 하고 나머지를 R이라 하면 A=BQ+R(단, R의 차수는 B의 차수보다 작다.)인 관계가 됩니다. 이때, A, B의 최대공약수는 B, R의 최대공약수와 같은 경우를 말합니다.

쏙쏙 이해하기

다항식 A를 다항식 B로 나눈 몫을 Q라 하고 나머지를 R이라 하면 A=BQ+R(단, R의 차수는 B의 차수보다 작다.)에서 A, B의 최대공약수는 B, R의 최대공약수와 같다.

A와 B의 최대공약수

$$A = B \times Q + R$$

B와 R의 최대공약수

아벨의 일곱 번째 수업

앞의 내용을 이용하여 다항식에서의 최대공약수를 비교해 볼까요? 다항식 x^3+x^2-3x+1을 x^2+2x-3으로 나눈 나머지가 $2x-2$일 때, 유클리드의 호제법을 이용하여 최대공약수를 비교해 보세요! 민서가 비교해 볼까요?

"유클리드의 호제법에 의해서 두 다항식 x^3+x^2-3x+1, x^2+2x-3의 최대공약수는 $x-1$이고, 두 다항식 x^2+2x-3, $2x-2$의 최대공약수도 $x-1$이 되어 서로 같습니다."

민서가 잘 대답했습니다. 아래와 같은 순서에 의해 두 다항식의 최대공약수를 편하게 구할 수도 있습니다.

$$
\begin{array}{r|rr|rr|r}
x & x^3+ & x^2-3x+1 & x^2+2x-3 & & -1 \\
& x^3+ & 2x^2-3x & x^2 & -1 & \\
\cline{2-5}
-\dfrac{1}{2}x & & -x^2+1 & 2x-2 & & -2 \\
& & -x^2+x & 2x-2 & & \\
\cline{2-5}
& & -x+1 & 0 & &
\end{array}
$$

이와 같이 유클리드의 호제법을 이용한 최대공약수의 성질도 있습니다.

하세 Helmut Hasse, 1898~1979 도형

약수와 배수의 관계를 한눈에 알 수 있도록 그림으로 나타내는 방법을 하세 도형이라고 합니다.

다음 그림은 1부터 6까지의 정수 사이의 약수와 배수 관계를 나타낸 것입니다.

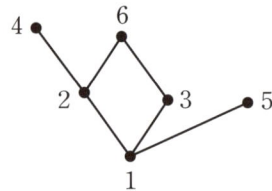

정수 6의 아래쪽으로 선을 따라 가면 약수에 해당하는 2와 3이 되고 2, 3의 아래쪽으로 가면 1이 나와 6의 약수인 1, 2, 3이 됩니다. 이번에는 2를 시작으로 위쪽으로 선을 따라가면 4와 6이 됩니다. 4와 6은 2의 배수가 됩니다. 즉, 하세 도형에서 위쪽은 그 수의 배수이고 아래쪽은 약수를 나타냅니다.

예를 들면, 20과 30의 약수 사이의 관계는 하세 도형으로 각각 다음과 같이 나타납니다.

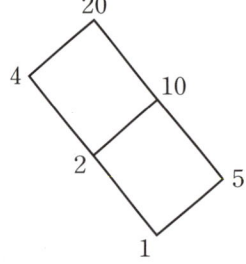
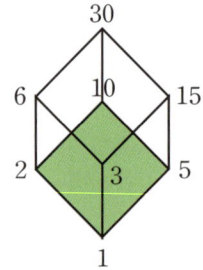

수업정리

❶ 다항식에서 최대공약수와 최소공배수를 구할 수 있습니다.

❷ 최고차항의 계수가 1인 두 다항식 A, B의 최고차항의 계수가 1인 최대공약수를 G, 최소공배수를 L이라고 하면 다음이 성립합니다.
   (i) $A=Ga, B=Gb$ (a, b는 서로소)
   (ii) $L=Gab$
   (iii) $AB=GL$

❸ 다항식 A를 다항식 B로 나눈 몫을 Q라 하고 나머지를 R이라 하면 $A=BQ+R$(단, R의 차수는 B의 차수보다 작다.)에서 A, B의 최대공약수는 B, R의 최대공약수와 같습니다. 유클리드의 호제법

8교시

유리식과 부분분수식

유리식과 부분분수식의 성질을 알고 활용하여 문제를 해결할 수 있습니다.

수업 목표

1. 유리식의 뜻을 알고 그 계산을 할 수 있습니다.
2. 부분분수식의 성질을 이해하고 문제를 해결할 수 있습니다.

미리 알면 좋아요

1. **유리식** 다항식 A와 다항식 B(B≠0)를 $\dfrac{A}{B}$의 꼴로 나타낼 수 있는 식을 말하며 다항식 A는 $\dfrac{A}{1}$로 나타낼 수 있으므로 다항식도 유리식이라고 말할 수 있고, 유리식 중에서 다항식이 아닌 것을 분수식이라고 합니다. 예를 들어 A, B가 각각 다항식인 분수식 $\dfrac{A}{B}$(단, B≠0)에 대하여 C(단, C≠0)가 다항식 일 때 다음의 식들이 성립합니다.

(1) $\dfrac{A}{B} = \dfrac{A \times C}{B \times C}$

(2) $\dfrac{A}{B} = \dfrac{A \div C}{B \div C}$

(3) $\dfrac{A}{C} + \dfrac{B}{C} = \dfrac{A+B}{C}$

(4) $\dfrac{A}{C} - \dfrac{B}{C} = \dfrac{A-B}{C}$

또 다항식 A, B, C, D(단, B≠0, C≠0, D≠0)에 대해서도 성립합니다.

(1) $\dfrac{A}{B} \times \dfrac{C}{D} = \dfrac{AC}{BD}$

(2) $\dfrac{A}{B} \div \dfrac{C}{D} = \dfrac{A}{B} \times \dfrac{D}{C} = \dfrac{AD}{BC}$

2. **부분분수** 하나의 분수식을 그 이상 간단하게 할 수 없는 두 개 이상의 분수식의 합으로 나타내는 것을 말합니다.

예를 들어, 분수식 $\dfrac{1}{x^2-x-2}$을 부분분수로 변형시키려면 먼저 분모를 인수분해해야 합니다. 분모 x^2-x-2를 인수분해하면 $(x-2)(x+1)$이므로 $\dfrac{1}{x^2-x-2} = \dfrac{A}{x-2} + \dfrac{B}{x+1}$가 됩니다.

여기서 우변을 정리하여 상수 A, B를 구하면 $A = \dfrac{1}{3}$, $B = -\dfrac{1}{3}$이 되므로 $\dfrac{1}{3}$을 공통인수로 하여 정리하면 $\dfrac{1}{x^2-x-2} = \dfrac{1}{3}\left(\dfrac{1}{x-2} + \dfrac{1}{x+1}\right)$이 됩니다.

아벨의 여덟 번째 수업

유리수

유리수란 무엇인지 규태가 말해 볼까요?

"실수 중에서 정수와 분수를 합친 것을 말하는데, 두 정수 a와 $b(b\neq0)$를 비_比 $\dfrac{a}{b}$ 분수의 꼴로 나타낸 수를 유리수라고 말합니다. 예를 들어 $\dfrac{1}{2}, \dfrac{1}{3}, \dfrac{1}{4}, \cdots\cdots$ 을 말합니다."

잘 대답했습니다. 유리수는 사칙 연산_{0으로 나누는 것은 제외}에 관하여도 닫혀 있다는 것을 여러분은 배웠을 것입니다. 여러분이 자주 접하게 되는 문제를 해결해 보겠습니다. 100km의 거리를 1시간 30분 동안 달린 자동차의 속력은 얼마인지 선숙이가 대답해 볼까요?

"예전에 배운 기억으로는 (거리)＝(속력)×(시간)이므로 속력을 $v$km/h라고 하면 $100 = v \times 1.5$입니다. 여기서 속력 v를 구하면 $v = \frac{200}{3}$km/h가 됩니다."

잘 설명했습니다. 선숙이가 구한 속력의 값 $\frac{200}{3}$을 유리수분수라고 말할 수 있겠죠?

유리식이란?

유리식이란 다항식 A와 다항식 B(B≠0)를 $\frac{A}{B}$의 꼴로 나타낼 수 있는 식을 말하며, 다항식 A는 $\frac{A}{1}$로 나타낼 수 있으므로 다항식도 유리식이라고 말할 수 있습니다. 그리고 유리식 중에서 다항식이 아닌 것을 분수식이라고 합니다. 예를 들어 유리식 중에서 $\frac{x}{x^2+1}$은 무엇인지 수진이가 대답해 볼까요?

"다항식이 아닌 식이므로 분수식입니다."

그렇습니다. 다항식이 아닌 식을 분수식이라고 합니다. 유리식은 다항식과 분수식 모두를 포함합니다.

특히 분수식에서는 분수와 마찬가지로 다음과 같은 성질이 있습니다.

쏙쏙 이해하기

A, B가 각각 다항식인 분수식 $\dfrac{A}{B}$(단, B≠0)에 대하여 C(단, C≠0)가 다항식일 때,

(1) $\dfrac{A}{B} = \dfrac{A \times C}{B \times C}$ (2) $\dfrac{A}{B} = \dfrac{A \div C}{B \div C}$

앞의 성질은 분수식의 분모, 분자에 0이 아닌 같은 다항식을 곱하거나 나누어도 분수식의 값은 변하지 않는다는 뜻이라는 것을 쉽게 알겠죠?

이번에는 분수식의 분모와 분자를 그 공약수로 나누어 간단히 하는 것을 무엇이라고 하는지 시현이가 대답해 볼까요?

"약분이라고 합니다."

그렇죠! 여러분은 수의 약분에 대해 이미 알고 있을 것입니다. 분수식에서의 약분도 같은 의미겠죠? 그렇다면 더 이상 약분할 수 없는 분수식은 무엇이라고 할까요?

"기약분수식이 아닐까요?"

시우가 대답한 기약분수식이 정답입니다. 분수식 $\dfrac{4a^3b^2}{2a^2b^3}$을 기약분수식으로 변형하면 어떻게 되는지 정호가 대답해 볼까요?

"분수식 $\dfrac{4a^3b^2}{2a^2b^3}$을 공약수로 나누어 기약분수식으로 변형하면 $\dfrac{4a^3b^2}{2a^2b^3} = \dfrac{4}{2} \times \dfrac{a^3b^2}{a^2b^3} = \dfrac{2a}{b}$가 됩니다."

네, 맞습니다. 위의 문제는 분모, 분자가 단항식인 경우이고 이번에는 다항식인 경우에 알아볼까요? 분수식 $\dfrac{x^2-4x}{x^2-x-12}$을 기약분수식으로 변형하면 어떻게 되는지 윤주가 대답해 보세요.

"분수식 $\dfrac{x^2-4x}{x^2-x-12}$의 분모, 분자를 각각 인수분해하여 공약수로 나누어 기약분수식으로 변형하면 $\dfrac{x^2-4x}{x^2-x-12} = \dfrac{x(x-4)}{(x-4)(x+3)} = \dfrac{x}{x+3}$가 됩니다."

역시 똘똘한 윤주가 잘 해결했군요! 그럼 두 개 이상의 분수식에서 분모를 같게 하는 것을 무엇이라고 할까요?

"통분한다고 하지 않나요?"

맞습니다. 분수에서와 마찬가지로 분수식을 통분하려면 분모의 최소공배수를 공통분모로 하는 분수식으로 변형하면 되겠죠? 분수와 분수식과의 차이를 생각하면서 문제를 해결하면 기분 좋게 해결할 수 있겠죠?

예를 들어 분수식 $\dfrac{x-2}{x+1}, \dfrac{x-1}{x+3}$을 통분하려면 두 분수식의 분모 $x+1, x+3$의 최소공배수가 $(x+1)(x+3)$이므로 주어진 식을 통분하면 $\dfrac{(x-2)(x+3)}{(x+1)(x+3)}, \dfrac{(x-1)(x+1)}{(x+3)(x+1)}$이 되어 두 분수식을 더하거나 뺄 경우에 편리하게 사용됩니다.

이번에는 분수식들을 더하거나 합하는 경우에는 분모를 공통분모로 만들어야 하는데 어떻게 하면 가능할까요?

"분수의 덧셈과 뺄셈처럼 분모의 최소공배수로 하면 되지 않을까요?"

역시 재진이가 잘 대답했습니다. 두 개 이상의 분수식에서는 분모를 같게 하는 것을 통분한다고 합니다. 그런데 분모를 통분하려면 분수에서와 마찬가지로 분모의 최소공배수를 공통분모로 하는 분수식으로 변형시켜 주면 되겠죠?

위의 내용을 바탕으로 분수식의 덧셈과 뺄셈에 대하여 알아봅시다. $\dfrac{x-2}{x+1} + \dfrac{x-1}{x+3}$ 을 계산하면 어떻게 되는지 은주가 계

산해 볼까요?

"분수의 덧셈과 마찬가지로 생각하면 분수식의 분모의 최소공배수가 $(x+1)(x+3)$이므로 통분하여 더하면 다음과 같이 됩니다."

$$\frac{x-2}{x+1}+\frac{x-1}{x+3}=\frac{(x-2)(x+3)}{(x+1)(x+3)}+\frac{(x-1)(x+1)}{(x+3)(x+1)}$$
$$=\frac{(x-2)(x+3)+(x-1)(x+1)}{(x+1)(x+3)}$$
$$=\frac{2x^2+x-7}{(x+1)(x+3)}$$

역시 은주는 영리하군요! 역시 내 수업에 매우 열중하니 쉽게 해결하는군요! 은주가 대답한 것처럼 분수식의 덧셈, 뺄셈은 분수의 경우와 같이 통분하여 계산하면 됩니다.

> **쏙쏙 이해하기**
>
> 다항식 A, B, C (단, C≠0)에 대하여
> (1) $\dfrac{A}{C}+\dfrac{B}{C}=\dfrac{A+B}{C}$ (2) $\dfrac{A}{C}-\dfrac{B}{C}=\dfrac{A-B}{C}$

위의 성질이 사용되는 예가 다음과 같습니다.

전기 저항에 사용되는 단위 옴Ω은 전류의 흐름을 방해하는 것이라 합니다. 그림과 같이 전기 저항 R_1, R_2를 병렬로 연결하면 합성 전기 저항 R는 $\dfrac{1}{R}=\dfrac{1}{R_1}+\dfrac{1}{R_2}$ 입니다.(단, 저항의 값은 양수)

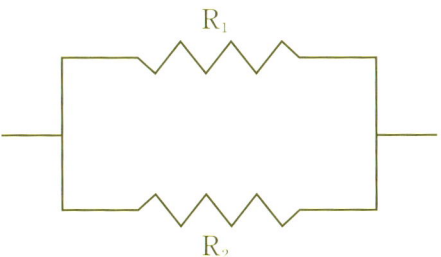

수학에서 배운 내용이 실생활에 사용됨을 알 수 있는 좋은 예입니다. 분수식의 곱셈, 나눗셈도 분수의 경우와 마찬가지로 계산하면 됩니다.

쏙쏙 이해하기

다항식 A, B, C, D(단, B≠0, C≠0, D≠0)에 대하여

(1) $\dfrac{A}{B} \times \dfrac{C}{D} = \dfrac{AC}{BD}$ (2) $\dfrac{A}{B} \div \dfrac{C}{D} = \dfrac{A}{B} \times \dfrac{D}{C} = \dfrac{AD}{BC}$

유리수에서처럼 두 유리식의 곱이 1일 때, 한쪽을 다른 쪽의 역수라고 합니다. 예를 들어 유리식 $\dfrac{A}{B}$(단, A≠0, B≠0)의 역

수는 $\dfrac{B}{A}$입니다. 그러므로 어떤 유리식으로 나눌 때는 그 유리식의 역수를 곱한 후 계산하면 편리하겠죠?

예를 들어 $\dfrac{x-1}{x^2+1} \div \dfrac{x-1}{x-4}$을 계산할 때는 역수로 변형한 후 계산합니다.

즉, $\dfrac{x-1}{x^2+1} \div \dfrac{x-1}{x-4} = \dfrac{x-1}{x^2+1} \times \dfrac{x-4}{x-1} = \dfrac{x-4}{x^2+1}$처럼 말입니다. 이와 같이 분수식의 곱셈과 나눗셈도 분수를 떠올리며 계산하면 쉽겠죠?

분수식이 복잡한 경우도 있습니다. 분자 또는 분모가 분수식으로 되어 있는 경우가 바로 그것입니다. 이와 같은 식을 수학에서는 번분수식이라고 합니다. 번분수식의 계산은 먼저 분자, 분모를 간단히 계산한 후 분자를 분모로 나누면 됩니다.

예를 들면 분수에서는 $\dfrac{\frac{1}{2}}{\frac{3}{4}} = \dfrac{1}{2} \div \dfrac{3}{4} = \dfrac{1}{2} \times \dfrac{4}{3} = \dfrac{2}{3}$ 와 같이 계산하면 되고, 분수식에서도 같은 방법으로 $\dfrac{\frac{A}{B}}{\frac{C}{D}} = \dfrac{A}{B} \div \dfrac{C}{D} = \dfrac{A}{B} \times \dfrac{D}{C} = \dfrac{AD}{BC}$ 와 같이 하면 됩니다.

부분분수란?

초등학교에 입학하기도 전에 많이 알고 있는 구구단이라는 곱셈표는 덧셈을 좀 더 빠르게 할 수 있는 장점을 갖고 있죠? 이제부터는 복잡한 분수식을 계산할 때, 구구단처럼 쉽게 활용하여 계산할 수 있는 방법을 알아보도록 하겠습니다.

바로 부분분수라는 것입니다. 하나의 분수식을 그 이상 간단하게 할 수 없는 두 개 이상의 분수식의 합으로 나타내는 것을

'부분분수로 분해한다.'라고 하며, 우변에 있는 하나하나의 분수식을 부분분수라고 합니다.

부분분수

하나의 분수식을 더 이상 간단히 할 수 없는 분수식의 합으로 나타낼 때, 우변에 나타나는 하나하나의 분수를 말한다.

예를 들어 분수 $\frac{1}{6}$을 $\frac{1}{6}=\frac{1}{2}-\frac{1}{3}$로 $\frac{1}{12}$을 $\frac{1}{12}=\frac{1}{3}-\frac{1}{4}$로 변형하는 것을 말합니다. 다항식 $f(x)$, $g(x)$에 대하여 분수식 $\frac{g(x)}{f(x)}$의 경우에 $f(x)$가 서로소인 두 다항식 $f_1(x), f_2(x)$의 곱으로 될 때, $f_1(x), f_2(x)$의 차수보다 낮은 두 다항식 $g_1(x)$, $g_2(x)$를 적당히 취해서 $\frac{g(x)}{f(x)}=\frac{g_1(x)}{f_1(x)}+\frac{g_2(x)}{f_2(x)}$로 나타낼 수 있습니다.

예를 들어 $\frac{-x+4}{x^2+x-2}$의 경우 $\frac{-x+4}{x^2+x-2}=\frac{1}{x-1}+\frac{-2}{x+2}$로 변형할 수 있습니다.

위와 같이 변형시키는 방법은 분모의 다항식 x^2+x-2를 $(x-1)(x+2)$로 인수분해한 후, $\frac{-x+4}{x^2+x-2}=\frac{A}{x-1}+\frac{B}{x+2}$

의 형태로 변형시킨 다음 우변을 정리하면 $\dfrac{A}{x-1}+\dfrac{B}{x+2}$ $=\dfrac{(A+B)x+2A-B}{(x-1)(x+2)}$ 가 됩니다.

이 식이 좌변과 같으므로 항등식 $A+B=-1, 2A-B=4$가 성립하고 연립하면 $A=1, B=-2$가 됩니다. 이것을 대입하여 변형된 결과가 나온 것입니다.

위와 같은 분수식 가운데 분모는 다항식으로 되어 있는데 분자가 상수인 특수한 경우가 있습니다. 앞으로 여러분이 배워 가면서 많이 활용할 부분입니다.

그럼 수학 박사 재호가 분수식 $\dfrac{1}{x^2-x-2}$을 앞에서 배운 실력을 발휘하여 부분분수로 변형시켜 볼까요?

"분모를 인수분해하면 $(x-2)(x+1)$이므로 $\dfrac{1}{x^2-x-2}$ $=\dfrac{A}{x-2}+\dfrac{B}{x+1}$가 됩니다. 여기서 우변을 정리하여 상수 A, B를 구하면 $A=\dfrac{1}{3}, B=-\dfrac{1}{3}$이 되어 $\dfrac{1}{3}$을 공통인수로 하여 정리하면 $\dfrac{1}{x^2-x-2}=\dfrac{1}{3}\left(\dfrac{1}{x-2}-\dfrac{1}{x+1}\right)$이 됩니다."

역시 수학 박사답게 잘 설명했습니다.

그런데 여기서 잠깐! 우리가 좀 더 편리하게 부분분수로 변형시키는 방법이 있답니다.

물론 분수식에서 분자가 상수항일 때 많이 사용된다는 사실을 꼭 기억하길 바랍니다.

다항식 A, B, C (단, A≠0, B≠0, C≠0, k : 상수)에 대하여

(1) $\dfrac{k}{AB} = \dfrac{k}{B-A}\left(\dfrac{1}{A} - \dfrac{1}{B}\right)$

(2) $\dfrac{k}{ABC} = \dfrac{k}{C-A}\left(\dfrac{1}{AB} - \dfrac{1}{BC}\right)$

분수식에서 분자가 상수일 때는 좀 더 편리하게 사용할 수 있겠죠? 예를 들어 앞에서 힘겹게 변형시켰던 분수식 $\dfrac{1}{x^2-x-2}$을 위의 공식을 이용하여 변형시켜 볼까요?

분모를 인수분해하면 $(x-2)(x+1)$이므로, A=$x-2$, B=$x+1$이라 놓으면 위의 부분분수의 변형 공식에서 $\dfrac{1}{AB} = \dfrac{1}{B-A}\left(\dfrac{1}{A} - \dfrac{1}{B}\right)$이고 B-A=3이므로 분수식 $\dfrac{1}{x^2-x-2}$은 $\dfrac{1}{x^2-x-2} = \dfrac{1}{3}\left(\dfrac{1}{x-2} - \dfrac{1}{x+1}\right)$으로 되어 위에서 활용했던 방법보다 쉽게 해결할 수 있겠죠?

그렇다면 마지막으로 재진이가 분수식 $\dfrac{3}{x^2+2x-24}$을 부분분수로 변형시켜 볼까요?

"분모를 인수분해하면 $(x-4)(x+6)$이므로 A$=x-4$, B$=x+6$이라 놓으면 B$-$A$=10$이므로 분수식 $\dfrac{1}{x^2+2x-24}$ $=3\left(\dfrac{1}{x^2+2x-24}\right)=\dfrac{3}{10}\left(\dfrac{1}{x-4}-\dfrac{1}{x+6}\right)$로 변형됩니다."

네, 잘 설명했습니다. 분자의 상수항이 1이 아닌 경우에는 상수를 공통인수로 사용하여 문제를 해결하면 되겠습니다. 부분분수가 활용되는 예를 알아볼까요?

아래와 같은 분수식의 합을 구하면 얼마일까요?

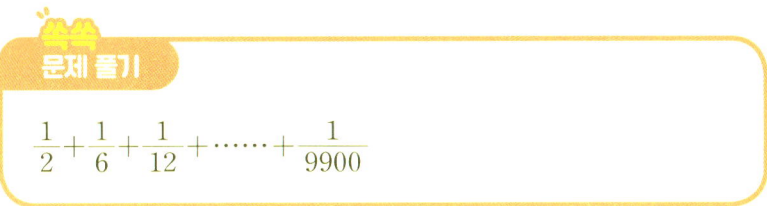

너무 어려워 보이죠?

선생님이 구해 보니 $\dfrac{99}{100}$가 되는군요! 어떻게 구했을까요? 바로 부분분수식으로 변형시켜 문제를 해결했답니다.

먼저 주어진 식을 부분분수로 변형시키기 위해 분모를 두 수의 곱으로 변형해 볼까요?

$$\frac{1}{2}+\frac{1}{6}+\frac{1}{12}+\cdots\cdots+\frac{1}{9900}$$
$$=\frac{1}{1\times 2}+\frac{1}{2\times 3}+\frac{1}{3\times 4}+\cdots\cdots+\frac{1}{99\times 100}$$

이것을 부분분수로 나타내어 보면 다음과 같습니다.

$$\frac{1}{1\times 2}+\frac{1}{2\times 3}+\frac{1}{3\times 4}+\cdots\cdots+\frac{1}{99\times 100}$$
$$=\left(\frac{1}{1}-\frac{1}{2}\right)+\left(\frac{1}{2}-\frac{1}{3}\right)+\left(\frac{1}{3}-\frac{1}{4}\right)+\cdots\cdots+\left(\frac{1}{99}-\frac{1}{100}\right)$$

처음과 마지막의 분수식 $\frac{1}{1}$, $-\frac{1}{100}$을 제외한 나머지의 합은 0이 됩니다. 왜냐하면 $\left(-\frac{1}{2}+\frac{1}{2}\right)+\left(-\frac{1}{3}+\frac{1}{3}\right)+\cdots\cdots+\left(-\frac{1}{99}+\frac{1}{99}\right)=0$이기 때문입니다.

결국 $1-\frac{1}{100}=\frac{99}{100}$가 되어 빠르게 계산할 수 있습니다.

어때요? 여러분도 수학 천재가 될 수 있겠죠?

수업정리

❶ 유리식의 정의를 이해하고 분수식의 사칙 연산을 할 수 있습니다.

❷ 부분분수를 이해하고 활용합니다. 즉, 다항식 A, B, C(단, $A \neq 0, B \neq 0, C \neq 0, k$: 상수)에 대하여 다음이 성립합니다.

(1) $\dfrac{k}{AB} = \dfrac{k}{B-A}\left(\dfrac{1}{A} - \dfrac{1}{B}\right)$

(2) $\dfrac{k}{ABC} = \dfrac{k}{C-A}\left(\dfrac{1}{AB} - \dfrac{1}{BC}\right)$

NEW 수학자가 들려주는 수학 이야기 34
아벨이 들려주는 인수분해 2 이야기

ⓒ 정규성, 2009

2판 1쇄 인쇄일 | 2025년 6월 18일
2판 1쇄 발행일 | 2025년 7월 2일

지은이 | 정규성
펴낸이 | 정은영
펴낸곳 | (주)자음과모음

출판등록 | 2001년 11월 28일 제2001-000259호
주소 | 10881 경기도 파주시 회동길 325-20
전화 | 편집부 (02)324-2347, 경영지원부 (02)325-6047
팩스 | 편집부 (02)324-2348, 경영지원부 (02)2648-1311
e-mail | jamoteen@jamobook.com

ISBN 978-89-544-5279-3 44410
　　　978-89-544-5196-3 (세트)

• 잘못된 책은 교환해 드립니다.